教師は見た目で9割決まる！

俵原正仁

学陽書房

まえがき

　かつて、子どもにとって教師というものは、社会的に権威を持つ存在でした。教師が教師というだけで、子ども達は「先生の言うことはきかなければいけない」「勉強をがんばらないといけない」という気持ちになっていました。いいか悪いかの話は置いといて（実は悪いことなのですが）、教師自身が魅力的な存在であろうと努力しなくても、それなりに学級は回っていったのです。

　ところが、現在は、教師が教師というだけで、子ども達が教師にオーラを感じる時代は終わってしまいました。過ぎ去った時代を戻すことはできません。変えることができるのは、自分と未来です。つまり、教師自身が努力をして、自らオーラをまとわなくてはいけない時代になってしまったのです。

　では、教師の「社会的権威」が標準装備でなくなった今、教師のオーラを身につけるためには、どのようなオプション装備をしなければいけないのでしょうか。

　「子ども達への熱い思いはあるか」「教育のプロと胸を張って言える専門性を持っているか」等、チェック項目はいくつも考えられます。その中でも、私がまず言いたいことは、

教師は見た目を意識しろ！

ということです。「熱い思い」は教師なら持っていて当然のオプションですし、逆に、「専門性」については一朝一夕に身につくオプションではありません（ただし、身につけるための努力は続けてください）。

　だからこそ、教師が、まず意識すべきことは、「見た目」なのです。もちろん、これは、エステに通い、ブランド品を身につけろということではありません。子ども達からどう見られているか意識してほしいということです。オーラは出すものではなく、感じさせるものだからです。

オーラの主体は、見る側にあるのです。

　たとえば、教室における教師の立ち姿です。私は今まで多くの先生方のクラスを参観してきましたが、立ち姿がしっかりしている先生のクラスで学級崩壊が起こっているのを見たことがありません。

　意識することは、立ち姿だけではありません。ほかにも、歩き方、声の出し方等、教師が無意識にとっている行動を、その行動をとる意図を明確に意識することで、子ども達の反応は大きく変わってきます。

　そこで、本書では、教師が教室でどうふるまうべきなのかというポイントや、クラスをまとめるにあたってどこを見ていくべきなのか、子どもとの距離の取り方等、ノンバーバルな要素を中心に具体的に紹介することにしました。さらに、最終的に信頼される教師となるために、どう人間力を高めていけばいいのかということも、裏ワザ的なことも含め、自分が実際にやってきたことすべてを本書にまとめ上げました。ぜひご覧ください。

教師は見た目で９割決まる。

　熱い思いは持っているもののまだ自分の専門性に不安を感じている若い教師（自称も含む）は、これくらいの意識を持って、日々の実践に取り組んでほしいと思っています。

　"May the teacher's aura be with you！"

　最後までおつきあいいただければ、あなたの教師としてのオーラは、さらに輝きを増すこと間違いありません。

2017 年 10 月

俵原　正仁

教師は見た目で9割決まる！
Contents

第 **1** 章 | 教師の立ち居ふるまいだけで クラスは変わる！

1 立ち姿で、その人の力量がわかる ……………………………… 8
2 歩き方一つでイメージが変わる ………………………………… 10
3 オラオラオーラはご遠慮ください ……………………………… 12
4 パーソナルスペースで関係がわかる …………………………… 14
5 Aの子、Cの子のパーソナルスペース ………………………… 16
6 Bの子のパーソナルスペース …………………………………… 18
7 近づくなら、右から入れ ………………………………………… 20
コラム1　子どもと子どもをつなげるネタ　班対抗しりとり合戦 …… 22

第 **2** 章 | できる教師は眼力でクラスを制する！

1 あの子の指は動いているか？ …………………………………… 26
2 子どもを見る目の鍛え方 ………………………………………… 28
3 教室のすべての子が見えてますか？ …………………………… 30
4 広い視野で物事を考える ………………………………………… 32
5 メタ認知力を高めよう …………………………………………… 34
6 見て見ぬふりはいけません ……………………………………… 36
7 見て見ぬふりも時には必要です ………………………………… 38
8 伸びたか伸びていないかで判断する …………………………… 40

| 9 | 全体を見て、あえてスルーする | 42 |
| コラム2 | 子どもと子どもをつなげるネタ　十一色百人一首 | 44 |

第3章 | あなたの動きで子どもとの距離は コントロールできる！

1	手を振ることで、つながりを確認	48
2	握手で、子ども達との距離を縮める	50
3	ハイタッチで一緒に盛り上がる	52
4	拍手で、一体感を創りだす	54
5	リアクションを意識せよ	56
6	さらなるリアクションの高みへ	58
7	とにかく遊ぶ	60
8	腹から声を出せ	62
9	その空間にふさわしい身体に	64
コラム3	子どもと子どもをつなげるネタ　どうぶつしょうぎ	66

第4章 | クラスで楽しいオーラを 出せていますか？

| 1 | 楽しそうな先生になるために | 70 |
| 2 | いつも笑顔の教師と思われる方法 | 72 |

3	笑顔のオーラは伝染する	74
4	アイコンタクトは絆	76
5	教師のオーラを目ヂカラに乗せて	78
6	好き好きオーラを出す	80
7	すべての子どもを好きになるために	82
8	好きになればあなたが変わる	84
9	さすがプロだと思わせる裏ワザ	86
10	保護者と組めば最強タッグ	88
コラム4	教師と子どもをつなげるネタ　仲間集めゲーム	90

第5章｜クラスの雰囲気をつくれる教師になるために！

1	本当は、「清く、正しく、美しく」なくても	94
2	演じることを楽しめる人に	96
3	演じることで救われる	98
4	雰囲気を創り出す	100
5	人は見かけで判断します	102
6	力をみなぎらせたい時は、情熱の赤をまとえ	104
7	願わくは、我に七難八苦を与えたまえ	106
8	踏み込みゆけばあとは極楽	108
9	人間力を高めるために	110
コラム5	お互いにわかりあうためのネタ　合わせて50！	112

第1章

教師の
立ち居ふるまい
だけで
クラスは変わる！

STEP 1 立ち姿で、その人の力量がわかる

とにかく「だらしない立ち方」はNGです

武士のような凛とした立ち姿

いろいろなクラスを見ていて気づいたことがあります。

それは、まえがきにも書いたように、「立ち姿がしっかりしている教師のクラスは崩壊しない」ということです。学級を崩してしまう教師にはいくつかの共通点があるのですが、その一つが立ち姿です。

きちんと立つ。

それだけで、子ども達から一目置かれるようになります。「何かにもたれかかる」「片足に体重をかける」「じっとしていられず、常に動いている」ような立ち方はNGです。両足に体重をかけて、まっすぐ立つ。左右対称のイメージで立つことを目指してください。

左右対称、つまり、シンメトリーな状態のものに対し、人は「美しさ」や「安定感」「安心感」「誠実さ」などを感じるのだそうです。この効果を利用して、意識的に対称性を作り出すことによって、見る人に「安心感」や「誠実さ」といったいい印象を与えることができます。

まずは意識をするだけでOK！

ただ、自分で言っておきながら、私も座ったらすぐに足を組んでしま

います。シンメトリーが大切だと知っていても、私も含めすぐにはできない人もいるでしょう。でも、大丈夫です。シンメトリーな立ち方が常にできない人でも、意識さえすれば、短時間ならできるはずです。実は、学校生活の中で、ピシッとした姿で立たないといけない場面は意外と限られています。逆に、子どもから話を聞くような場面では、姿勢を崩して前のめりになった方が効果的なこともあります。

　ですから、一番大切なことは、意識することです。意識することによって、自分の立ち姿を振り返ることができるからです。「だらしなさ」「不信感」を感じさせるほど、立ち姿が崩れている場合は修正しなければいけませんが、そうでなければ、自分の体幹を鍛えながら、シンメトリーな姿勢ができる時間をぼちぼち増やしていけばいいのです。

常に姿勢を意識することが大切です

Point　子ども達は、自分の担任にはかっこいい存在であってほしいのです。そうでないと子ども達に対する教師の権威がなくなります。

第1章　教師の立ち居ふるまいだけでクラスは変わる！　　9

> ### STEP 2 歩き方一つでイメージが変わる
>
> 歩き方一つで子ども達の教師に対する印象は変わってきます

 ## 教室での歩き方を意識してますか？

　立ち姿のチェックの後は、歩き方です。
　あなたは、教室の中でどのように歩いていますか？
　どちらかといえば、ゆっくり歩いていますか？　それとも早足ですか？　その時の姿勢はどうですか？　前かがみで歩いていますか？　胸を張って堂々と歩いていますか？
　多くの人はそんなことは意識していないでしょうから、即答できないのではないでしょうか。でも、そのようなあなたの歩く姿を子ども達はいつも見ているわけです。いつも独楽鼠のようにせかせかと歩いている教師よりも、少し大股でゆっくり歩く教師の方が、頼れる感があります。**歩き方一つで、子ども達に与える教師のイメージが変わってきます。**だから、教師は歩き方にも気を配る必要があるのです。

 ## 自分の動きに気づくには？

　まずは、授業中の様子を録画して、自分の立ち姿や動きを見ることをおすすめします。映像で見てみると、自分のイメージと実際の動きにかなり誤差があることに気づきます。胸を張って堂々としていたつもりなのに、実際はうつむいて前かがみになっていて、せこせこした動きのス

ケールの小さな人物のように見えるなど、自分のイメージ通りに身体が動いていないことに気づき、愕然とするものです。

「大股で早足で歩く」姿には、その人のやる気と自信が感じられます。一方で、その姿は、周りの人に対して圧迫感も与えます。「静かにゆっくり歩く」方が効果的な場合もあります。私も、全体の場で話をする時と机間巡指（巡って指導の意味）の時の歩き方は違います。要は、

場に応じた歩き方をしなければいけない

ということです。そのためには、「自分のイメージどおりに動ける身体」を作ることが必要です。モデルが自分の歩き方をチェックするように、教師も自分の動きを時々映像などでチェックするのです。

いくらかっこよくてもモデルのような歩き方はNGです

Point　「だらしない立ち方」もいけませんが、同じぐらいいけないのが「せこせこした歩き方」です。こちらの方は、意識すればすぐに直せます。

第1章　教師の立ち居ふるまいだけでクラスは変わる！

STEP 3 オラオラオーラは ご遠慮ください

気づかないうちにマイナスオーラの圧を出していませんか？

教室の空気を悪くしているのは誰？

「立ち姿がしっかりしている教師のクラスは崩壊しない」。その理由は「そのような教師は、子ども達から一目置かれるから」ということのほかに、「教師のピシッとしたオーラが子ども達に伝わり、クラスの中にピシッとした空気が流れるから」ということもあげられます。教師の発している雰囲気は確実に子ども達に伝わっていくのです。

もちろん、伝わるのは、いい雰囲気だけではありません。だらしない立ち方をする教師のクラスがじわじわと崩れていくように、嫌な雰囲気の方がクラスに対する影響力は強いかもしれません。

だからこそ、「きちんと立ちましょう」というSTEP1の結論につながっていくのですが、1つ気をつけなればいけないことがあります。それは、「教師の権威を出そう」と意識しすぎるあまり、「威圧感を与えすぎる」ふるまいをしてしまうことがあることです。

オラオラオーラは NG です

特に、低学年の担任は要注意です。1年生の場合、自分が叱られていなくても、クラスのほかの友だちを叱っている教師の姿を見て、泣き出してしまう子もいます。それぐらい繊細だということです。ですから、腕

組みをして話を聞いたり、姿勢を低くして目線を合わせることをしないで文字通り"上から目線"で話を聞いたりしていると、教師自身にはそのつもりがなくても、子ども達は威圧感によって萎縮してしまいます。また、言葉遣いにも気をつけてください。私自身もそうでしたが「乱暴な言葉遣いが、子ども達との距離を縮めてくれる」と勘違いしている若い教師を時々見かけます。乱暴な言葉遣いが放つマイナスのオーラは、すぐにクラスに伝染します。

　時には、教師の威圧感が必要な場面もありますが、**教師が日常的に威圧感を子ども達に与えてはいけません。教室の空気が悪くなります。威圧感で教師の権威を保とうとすることは、NG中のNGです。**

「ナメられてはいけない！」と思っている時、特に要注意！

Point 「威圧感＝教師の権威」ではありません。マイナスオーラをまき散らすような言動をしていないか、常に自分をチェックしてください。

第1章　教師の立ち居ふるまいだけでクラスは変わる！

STEP 4 パーソナルスペース で関係がわかる

パーソナルスペースは、その人との関係を測る一つの指針になります

1年生の「近さ」は、衝撃的。

　休み時間、1人の1年生と話していると、近くにいる1年生が何人か寄ってきて、そのうち、押しくらまんじゅう的な状態になることがあります。1年生のパーソナルスペースは近いということは知っていたものの、高学年担任が多かった私にとっては、新鮮な驚きでした。でも、クラスの子全員がそうだったわけではありません。中には、私のところに近づいてこない子もいます。1年生は1年生なりに、それぞれの子のパーソナルスペースがあるのです。

　ここで、ちょっとパーソナルスペースについて説明します。社会心理学の言葉で、人はそれぞれ自分の領域というものがあり、相手が自分にどこまでなら近づくことを許せるかという距離を指したものです。1966年、アメリカの文化人類学者のエドワード・T・ホールは、パーソナルスペースを次の4つのゾーンに分けています。

1．密接距離（0〜45cm）家族・恋人などの親しい人に許される距離
2．個体距離（45cm〜1.2m）友達などと会話する時の距離
3．社会距離（1.2m〜3.5m）職場の同僚や知人との距離
4．公共距離（3.5m〜）公的な人物もしくは複数の相手と会う距離

つまり、**教師に対するパーソナルスペースで、教師とその子との関係、結びつきがわかってくる**のです。

「遠い子」との関わり方

先の例の場合、ほとんどの1年生は、既に密接距離ですから、教師との結びつきはかなり強いと言うことができます。ただ公共距離的な子もいました。この時点では、この子は、教師との結びつきはまだ弱いと言えます。ただし、1年生の場合、よほどのことがない限り、子ども達は、担任の先生のことが大好きです。この子の場合も、私のことが嫌いで近づいてこないというわけではありませんでした。自分から近づくことができないだけで、実は先生が来てくれるのを待っていたのです。だから、教師の方から近づいたり、遠ざかったりしながら、距離を縮めていけばいいのです。

子どもとの距離感をしっかり見ていこう！

Point パーソナルスペースは、教師とその子との関係を見るいい指針になります。子どもとの距離感は常に意識してください。

第1章 教師の立ち居ふるまいだけでクラスは変わる！

STEP 5 Aの子、Cの子の パーソナルスペース

高学年になると、一人ひとりのパーソナルスペースは違ってきます

Aの子は近づいてくる

1年生の場合は、「担任の先生が大好き」という前提があるので、教師に対して多少距離をとっている子に対しても、教師自ら近づいていけば何とかなるのですが、高学年になるとちょっと話が違ってきます。

4月の出会いの時から、教師に対して肯定的な子もいれば、否定的な子もいます。それぞれの子によって、パーソナルスペースは違ってきます。その子に合った対応をしないといけません。

まずは、教師に対して肯定的な子について。便宜上、このようなタイプの子をAの子とします。Aの子は、自ら個体距離（45cm〜1.2m）、場合によっては、密接距離（0〜45cm）に入ってきます。ですから、教師が、そのことに対して無意識に接していると、Aの子とばかりいることになります。そうなると、クラスのほかの子があなたに近づけなくなってしまいますし、あなたもほかの子のところに行けなくなってしまいます。そして、そのうち、Aの子自身がクラスの中で浮いてきます。

ですから、このような**Aの子に対しては、距離をとる**ことを意識してください。もちろん、逃げる必要はないのですが、自ら近づいていく必要もないということです。

Cの子は離れていく

　教師に対して否定的な子（Cの子とします）の教師に対するパーソナルスペースは、よくて社会距離（1.2m〜3.5m）、普通は公共距離（3.5m〜）ぐらいあります。

　このようなCの子に対して、早く仲良くなろうと、休み時間などになれなれしく近寄ると、かえって逆効果になります。このようなタイプの子は、教師のわざとらしい行為に敏感です。その結果、教師との距離がますます遠くなるのです。

　でも、このようなCの子に対しても、スッと個体距離に入り込める場面があります。それは、授業中です。授業中なら、机間巡指をしながら個体距離に入り込んでも、違和感はありません。授業中に何げなく近づく回数を増やすことで、Cの子の教師に対する抵抗感をなくしていくのです。

それぞれの子の状態に合わせて距離を変えよう！

> **Point**　1年生と高学年のパーソナルスペースは、違います。一人ひとりのパーソナルスペースを意識することが大切です。

STEP 6 Bの子のパーソナルスペース

Bの子を意識すると、クラス全体が見えてきます

Bの子は、近づかない。離れない

　Aの子でもCの子でもないタイプの子も、クラスの中にはいます。数でいえば、このタイプの子が一番多いはずです。このタイプの子をBの子とします。Bの子の教師に対するパーソナルスペースは、社会距離（1.2m〜3.5m）か公共距離（3.5m〜）のどちらかになります。パーソナルスペースを見る限りは、Bの子もCの子も同じです。

　ただ、**Bの子には、親しげに近づいても大丈夫**です。いや、むしろ、積極的に近づいてください。Cの子と違い、近づいてきたあなたを歓迎してくれるはずです。というのも、Bの子は、あなたのことが嫌いだから近づいてこなかったわけではないからです。あくまでも見かけ上で、社会距離か公共距離をとっていたということです。だから、あなたが、個体距離（45cm〜1.2m）に入ってきてもストレスは感じません。遠慮なくどんどん近づいていきましょう。

Bの子への意識が4月の鍵

　私は、4月当初には、「全員の名前を1日10回言う」というノルマを決めていました。その際、特に意識したのが、このBの子達です。Aの子は、自分から教師に近づいてきます。逆にCの子は、教師から遠ざか

っていきます。プラスとマイナスの違いはあるにせよ、動きがあるので、教師には見えやすいのです。ところが、Bの子にはそのような目立った動きはありません。叱られることもないけれどほめられることもないので印象に残りにくいのです。だから、Bの子を意識することができれば全体が見えるようになります。

とくに、始業式の日には、まずBの子から声をかけていきます。

「有安くん、絵を描くのうまいらしいね。今度、先生に何か描いてね」

「石川さん、プリント運ぶの手伝ってくれますか？」

積極的に近づいて、一気にBの子のパーソナルスペースを縮めていきます。そのことで、Bの子があなたから離れていくことはありません。それどころか、**教師から声をかけられることが意外と少ないBの子は、始業式の日に、積極的に声をかけてくれた教師のことを一気に受け入れてくれるはずです。**

〜4月の意識は、「withB」で〜

> **Point**
> Bの子には、教師からどんどん近づいていきましょう。あっという間に、Bの子が、Aの子に変わっていきます。

第1章　教師の立ち居ふるまいだけでクラスは変わる！　19

STEP 7 近づくなら、右から入れ

パーソナルスペースの形も人それぞれ。そのことはわかった上で

右か？ 左か？ さぁ、どっち？

突然ですが、社会人なら知っておかなければいけないマナークイズ‼

お茶をお客さんに出す時、どちらから出しますか？
　A　右側から　B　左側から　C　どちらでもいい

　答えは、Aの「右側から」です。どうしても左側から出さざるを得ない場合は、「左から失礼します」と一言添えて、出さないといけません。ちなみに、デパートの接客やセールスの世界では、お客さんに近づく時は、「右側から」といわれているようです。人は、無意識に心臓を守ろうとするため、左側に面識のない人に立たれると、本能的にストレスを感じるらしいのです。ただ、自分の場合、別に左に立たれることは嫌ではありません。むしろ、誰かと2人で歩く時は、相手の右側にいることが多いです。これは、右側から近づけば、相手に安心感を与えることができるからという計算しつくした意図からではなく、単に相手が左側にいる方が落ち着くからです。
　つまり、私のパーソナルスペースは左の方が狭いのです。

まずは右から近づいてみよう！

　人によってパーソナルスペースの大きさが変わってくることは、すでに述べてきましたが、**パーソナルスペースの形も人によって違うのです。**まん丸の人もいれば、前が広い人、右が狭い人、いろいろです。
　ただ、そんなことを言われても、ほかの人のパーソナルスペースの形なんてわかりませんよね。だから、

とりあえずは、右側からアプローチしていけばいい

のです。少なくとも、お茶を出す際のマナーといっしょですから、相手に対して失礼にはならないでしょう。まずは、右側から試してみて、その人のパーソナルスペースの形を読み取っていくのです。

ちょっとした違いで関係は大きく変わる！

Point　パーソナルスペースの形も人それぞれです。そのことを意識することで、相手に対して無遠慮に接することがなくなります。

第1章　教師の立ち居ふるまいだけでクラスは変わる！

コラム 1

子どもと子どもをつなげるネタ

班対抗しりとり合戦

班対抗でしりとりを行います。4文字限定、制限時間は5秒など、条件をつけることによって、難易度もおもしろさもアップ。ちょっとした隙間の時間に行うこともでき、班のメンバーの絆も深まります。

● ● ● ● ● こんな感じで ● ● ● ● ●

まずは、ルール説明。

「みんな、しりとりって知っている？」

ちょっと挑発気味に投げかけます。

「知ってるわ。りんご→ゴリラ→ラッパ……ってやつやろ」

2年生、期待通り、挑発に乗ってくれるお年ごろ。

「そうそう、そのしりとりを班対抗でやってみます。まずは、試しのゲームです。全員立ってください」

私のクラスは、1つの班が4〜5人構成。この時は、8班までありました（ちなみに、班の人数は6人でも楽しく行えますのでご安心を）。

「1班から答えていきます。班の誰かが答えたらクリアです。8班まで答えたら、また1班に戻ります。言葉の最後が『ん』になっていたり、制限時間内に答えられなかったりしたら、アウトです。アウトになったら座ります。最後まで立っていた班が優勝です。では、試しのゲームを始めます。制限時間は5秒です」

制限時間5秒に対して「え〜っ」という声があがっても、スルーしてゲーム開始。

「では、1班から。『りんご』の『ご』」

元気者の玉井くんが叫びます。

「ゴリラ！」

「はい、２班。『ゴリラ』の『ラ』」

「ラッパ」

「ラッコ」

高城くんと夏菜子さんがそれぞれ別の答えを言いました。

「高城くんの方が少し早かったね。では、『ラッパ』の『パ』」

このような場合、教師が一方の答えを取り上げて、ゲームを進めます。

「パイナップル」

「『パイナップル』の『ル』」

「る？……る？……る？」

答えに詰まったら、教師はカウントダウン。

「５・４・３・２……」

「ル、ルナアーラ」

カウントダウンされると焦り倍増。だからこそ、その中で答えられた時の喜びは大きい。

「お～～～っ」

周りの子の反応もいい感じ。答えた子はヒーローになります。

このような感じで一回り。ここからがいよいよ本番。

「では、今から本番です。今度のしりとりは、３文字限定です。『パイナップル』は、３文字ではないのでアウトです。あとのルールは、さっきといっしょです。それでは、１班から」

高学年の場合、４文字限定から始めますが、低学年の場合、最初のうちは３文字限定がちょうどいい感じです。

それでも……。

「『ラッパ』の『パ』」

「パイン」

「８班、アウト！」

いくら３文字でも、最後に「ん」がついてはいけません。

「『ラッパ』の『パ』」

第１章　教師の立ち居ふるまいだけでクラスは変わる！　23

「ぱ？……ぱ？……」

　3文字の「ぱ」は意外と難問。アウトの班が量産されます。元気者の玉井くんも、答えが思いついていないようです。そこに、いつも控えめな杏果さんが、遠慮がちに。

「パズル」

「お～～～っ」「杏果、やるなぁ！」

　玉井くんも大満足。しりとり合戦は続きます。

● ● ● ● ● 　実は　 ● ● ● ● ●

　この「班対抗しりとり合戦」の一番のポイントは、「班の誰かが答えたらクリア」という点です。

　「班対抗」といっても、班のメンバーが順番に答えていくという形式では、答えられなかった子に対して、班のほかのメンバーから非難が集中することがあります。

　でも、「班の誰かが答えたらクリア」なら、だれか1人答えたらいいわけです。答えられなかったとしても、その中に自分も入っているわけですから、ほかの誰かを責めることはできません。それどころか、先の例のように、自分が思いつかなかった答えを出した子に対して、感謝の気持ちが生まれます。

　「杏果、やるなぁ！」と、それまで持っていたその子に対する認識がプラスの方向へ変わります。

　また、「班の誰かが答えたらクリア」なので、1回も答えなくても優勝できることがあります。それはそれで、けっこう心地がいいものです。しりとりが苦手な子にとっても、楽しい時間が過ごせるということです。

　ちなみにこのしりとり合戦は山口県の中村健一先生に教えていただきました。ありがとう健ちゃん‼

第2章

できる教師は
眼力で
クラスを制する！

STEP 1 あの子の指は動いているか?

子どもの小さな変化に気づくぐらい見ることができていますか?

かすかに動く指がわかればいい？

　若き日の私は、ある日、向山洋一氏の次の言葉と出合いました。

　かつて、斎藤喜博氏が、「授業中に意見がいいたい子がわかる」といったことがある。これは本当なのである。私も見つけられる。そのような時、指がかすかに動くのである。だから、授業をしながら、かすかに動く指を見つけられる教師であれば、意見がいいたくなった子供をのがすことはない。（『子どもを動かす法則』、明治図書出版）

　「これで、意見が言いたい子がわかる！」
　いたく感銘を受けた私は、次の日、意気揚々と教室に向かいました。そして、見続けたのです。指を……指のみを……。けっきょく、意見が言いたい子はわかりませんでした。そして、当然のように、授業も崩れました（笑）。その結果、熱しやすく冷めやすい短絡的な私は、こう思いました。
　「向山先生は嘘をついている」

小さな動きに気づく教師に

　そして、時は過ぎ、私も何となく「授業中に意見が言いたい子がわか

る」ようになりました。そんなある日、もう一度、向山先生のご著書を読んでみました。熱しやすく冷めやすいものの、自分に間違いがあればすぐに手の平を返すだけの適応力はある私はこう感じたのです。

「なるほど。向山先生は嘘をついていない」

単に自分の力量不足で見るべきところが見えていないだけだったのです。ポイントは、以下の部分でした。

授業をしながら、かすかに動く指を見つけられる教師。

「かすかに動く指を見つけられる」ぐらい、子どものことを見ることができれば、「授業中に意見が言いたい子」がわかるということです。「ほんの小さな動きにも気づくぐらい見る」ことが大切なのです。

指だけ見ればいいわけじゃないんですよ〜！

> **Point**
> 子どものささいな変化に気づくぐらい、しっかり子どもを見ましょう。授業をしながらという点で、さらに難易度が上がりますが……。

第2章 できる教師は眼力でクラスを制する！

STEP 2 子どもを見る目の鍛え方

「仮説を立てて、子どもを見る」ことで、経験値を上げていきます

🕐 若き日のちょっとふざけた修行方法

　ただ漠然と子どもを見ていても、「授業中に意見が言いたい子」を見つけることはできません。どこかに見るべきポイントがあるはずです。そう考えた若き日の私は、単刀直入に、そのような力を持っている先輩に聞いたことがあります。

　「何となく」「見ればわかるでしょ」

　向山先生の「指」のような具体的な答えは返ってきません。「考えるな。感じろ」の世界です。何となく納得のいかないまま、私は次のような修行を始めました。

職員会議で次に誰が発言するか予想する。

　司会をしている時に、発言したそうだなと感じた先生を、手を挙げる前に指名するのです。その時の反応を見て、自分の感じたことが正解だったかどうかがわかります。司会ではない時は、指名することができませんので、予想をして、その人が手を挙げるかどうかで判断します。あくまでも、ゲーム感覚です。これで、退屈な職員会議が楽しくなりました（笑）。そのうち、的中率も上がってきました。そして、職員会議での的中率が上がるにつれて、教室での「授業中に意見が言いたい子」を感じ取る力も上がってきました。

28

「発言したい子」の見極めテク!

　具体的に言えば、意見が言いたい子は、「少し体が前のめりになる」「体が少し動く（指も含む）」「目に力が入る」といったところでしょうか。わかりますか？　わかりづらいですよね。どうしても、言葉として伝えるには、限界があります。「考えるな。感じろ」の部分は確かに残ります。ただ、自分でやってみて、わかったことがあります。

「このような時には、こうである」と仮説を立てて、子ども達を見て、検証していく。

そうすることによって、子どもを見る目は鍛えられていきます。

予想して次の動きを見抜こう！

Point 漠然と見ていては、子どもの変化に気づくことはできません。「考えるな。感じろ」の境地に近づくためには、まず考えなければいけません。

第2章　できる教師は眼力でクラスを制する！　29

STEP 3 教室のすべての子が見えていますか?

視野を広く……ということを意識して日々を過ごしましょう

人間の視野は約180度だけど……

　ひらがなを覚えたての1年生。
　初めての音読は、一文字一文字確かめるかのように、ゆっくりていねいに進んでいきます。そして、練習を重ねるうちに、一文字一文字ではなく、文字をひとかたまりの単語として読めるようになり、さらにスラスラ音読ができるようになると、視線は実際に声を出して読んでいるところより少し先の文章を追えるようになってきます。
　音読の力が上がっていくにつれて、視野は広がっていきます。
　このことは、音読に限ったことではありません。経験を積み、力量が上がっていくにつれて、その視野は広がっていくものです。
　あなたの教師としての視野はどうですか?
　ある特定の子とアイコンタクトをとりながらも、視界の端っこにいる玉井くんの手遊びを見ることができていますか?
　人間の視野は、両目で同時に見える範囲が約120度、片方の目でしか見えていない部分も含めた総合的な視野は、左右約180〜200度といわれています。ですから、教壇に立っている限り、クラスにいるすべての子が視野に入っているということになりますが、それはあくまでも目に映っているだけで、そのことをあなたが認識できているかどうかはまた別問題です。

どうですか？　あなたには、見えていますか？　私は見えています。
<(｀^´)>　エッヘン！

教師としての視野を広げよう

　でも、たとえ、いま見えなくても、視野を広く持つことを意識して日々を過ごしていれば、そのうちに見えるようになってきます。
　あなたが自動車を運転する人なら、教習所に行き始めたころといまの自分の視野の広さの違いを実感できると思います。最初は、前しか見えていなかったのに、いまでは、前後左右の様子もしっかりと見て、3車線の道でも楽々車線を変えることができるようになってきたというようなことです。**教師としての視野もこれと同じで、力量が上がるにつれて広がっていきます。**

真後ろの子どもの動きまで感じられたら達人！

> **Point**
> 視野は狭いより広い方がいい。そのためには意識して日々を過ごすこと。教師の力量が上がれば、視野は広がります。

第2章　できる教師は眼力でクラスを制する！　31

STEP 4 広い視野で物事を考える

視野を広く持つべき……のもう一つの理由

見える範囲を広くするだけでなく

　一流のＢリーグやＪリーグの選手は、広い視野を持っています。

　ここでいう広い視野というのは、STEP3で述べた教師の視野とほぼ同じ意味です。ボールを見ながらでも、味方の選手がどこにいて、敵の選手がどこにいるか意識できているということです。

　ところが、同じＢでもバスケットボール選手ではなくビジネスパーソンに対して「広い視野を持つべきだ」といった場合、意味合いが少し変わってきます。プレゼンの資料を作りながら、部長がどこにいて、クライアントがどこにいるか意識せよ……ということではありません。ある一つのことに偏ることなく、多くの意見を参考にしてものごとを考えることができるという意味で使われます。そして、教師の視野という場合、こちらのビジネスパーソン的な視野の広さも必要になってきます。

広い視野で物事を考えられる柔軟な思考

が求めれられるのです。

　では、このような「広い視野」を身につけるためにはどうすればいいのでしょうか。具体例と共に述べていきます。

固定観念にとらわれない

　たとえば、「授業は椅子に座って机に向かって受けなければいけない」という思い込みなどがそうです。子ども達にとって、座らない方がいいのなら、座らなくていいのです。たとえば、「1時間で1つの詩を暗唱する」という目標があった時、教室の中をうろうろしながら覚える子がいても、ひたすらノートに書き込んで覚える子がいてもいいのです。目的と手段を逆にしてはいけません。

　また、「玉井くんは、こういう子」という偏見を持つことも教師の視野を狭くします。教師の偏見が玉井くんの本当の姿を見えなくしてしまい、玉井くんを傷つけてしまうこともあります。子どもには常にニュートラルな気持ちで接しなければいけません。

自分の思い込みを捨てることから始めよう！

Point: 視界的な意味で「視野を広げる」ことも必要ですが、柔軟な思考という意味で「視野を広げる」ことが、教師にとってはより重要です。

第2章　できる教師は眼力でクラスを制する！　33

STEP 5 メタ認知力を高めよう

情報を集め、メタ認知力を高めて、視野を広げましょう

たくさんの情報を手に入れる

「固定観念にとらわれない」ことは大切ですが、「固定観念を崩す」ことまで、我々凡人が考える必要はありません。別に、崩さなくてもいいのです。固定観念からくる思い込みや偏見を捨てることさえできれば、視野は広がります。

そのためには、たくさんの情報を手に入れることです。情報を集めれば集めるほど、思い込みや偏見から逃れることができるのです。先ほどの授業の思い込みの例も、うろうろする実践があるという情報を知ることによって、「場合によっては、座っていなくてもいいんだ」と気づくことができます。玉井くんに対しても、「実は家に帰ったら、小さい妹の面倒をよく見ている」という情報を知ることで、偏見がなくなり、ニュートラルな気持ちで接することができるのです。

メタ認知力をつける

メタ認知とは、自分自身の思考や行動を客観的に把握し、認知するということです。どこか高いところにもう1人の自分がいて、「あっ、俺いまピンチやん」とか「それをいましたらアカンで」など実況解説をしているというイメージです。このような「自分を客観視してコントロール

34

する力」をメタ認知力といいます。

　メタ認知力が高まると、高い視点から客観的にものごとを見ることができるようになります。1つの考えにとらわれることなく、いくつかの視点から物事を客観的に判断することができるようになるのです。視野を広く持つことで、相手の立場や考えを推察することができるようになってきます。

　これまで偏見を持っていた玉井くんに対しても、1つ上の視点から、数年後の玉井くんに対して、一番いい対応は何かなどと考えて接することができるようになるのです。また、本当にいま持っている情報だけで大丈夫なのかとか、自分は感情に流されていないかといった判断基準を持つことで、より客観的に自分の動きを評価することもできるようになります。

1つ上の視点から自分を見てみよう

> **Point**　教師の視野が広がると、1つの方法に固執することがなくなります。クラスの子ども達一人ひとりに合った柔軟な対応ができるようになります。

STEP 6 見て見ぬふりはいけません

スルーすると、子どもの力は伸びません

4月にはできていたのに……

　まだ30代前半、初めて1年生を担任した時に、隣のクラスのベテラン先生から言われたことがあります。
　「1学期は、学習規律をしっかり指導しないといけないわよ。高学年とは違い0から教えていくつもりでね。1年生の1学期というのは、その学年のスタートというだけではなくて、小学校生活6年間のスタートでもあるんだから、この時期に、学習規律を身につけさせておかないと、この先、ずっと本人が苦労するし、今後、担任を持つ先生にも迷惑をかけることになるんですからね」
　当時、高学年担任が多かった私には、学習規律を0から教えていくという発想はありませんでした。
　素直な当時の私はがんばりました。4月当初は、クラスのほとんどの子が、天に突き刺さるくらいしっかりと手を挙げていました。さらに、「うわぁ、みんな手の挙げ方上手だね」とほめれば、「ほとんど」が「全員」になっていました。ところが、1学期も終わりの頃になると、手の挙げ方だけでなく、返事の仕方、姿勢など、あらゆる面で、隣のクラスとは様子が違ってきたのです。
　「あれ？　4月当初はできていたんだけど……」

子ども達が「できない」原因

　確かに、よい習慣というものは、学習規律に限らず、一朝一夕に身につくものではありません。ただ、4月当初にできていたのであれば、できなくなったことに何かしらの要因があるはずです。もちろん、その要因は私にありました。

スルーしてはいけないことをスルーする。

　4月当初はよかったのですが、教師に余裕がなくなってくると、きちんと手を挙げていない子が2、3人いても、そのことをスルーしてしまっていたのです。子どもから見れば、スルーするということは、その行動を教師が認めているということになります。きちんと手を挙げる子が少なくなっていったのは当然のことです。

「ダメはダメ！」ができないと全てがゆるむ！

> **Point**
> 「スルーしてはいけないことをスルーする」。見て見ぬふりをしていると、子ども達の力はみるみる落ちていきます。

第2章　できる教師は眼力でクラスを制する！

STEP 7 見て見ぬふりも時には必要です

スルーすることで、子どもの力が伸びることもあります

どんな場面でも、スルーしない?!

　ところが、スルーしなければそれでいいのかといえば、実はそうとも限らないのが、教育のおもしろいところ。
　たとえば、次のような場面では、あなたならどうしますか？

　全体の場で話をすることが苦手な杏果さんが、一念発起して、授業中発表しようとしているようです。ただ、自信がないのか緊張しているのか恐るおそる挙げた手は、多少曲がっています。普段から「きちんと手を挙げなさい」と言っているあなたは、どうしますか？

　　　　　A　スルーする　B　スルーしない

　たぶん、ほとんどの人が、「A　スルーする」を選ぶと思います。その子のがんばりを最優先するはずです。

では、次のような場面ではどうしますか？

　いつも元気でちょっぴりやんちゃなアキラくん。休み時間に友達とけんかをして、先生から叱られた後の授業。ふてくされた態度で手を挙げています。普段から「きちんと手を挙げなさい」と言っているあなたは、

どうしますか？

　　　　　Ａ　スルーする　　Ｂ　スルーしない

　今回は、たぶん、ほとんどの人が「Ｂ　スルーしない」を選ぶと思います。中には、「今回だけはスルーするけれど、次の時間も同じ態度だったらスルーしない」という人もいるかもしれません。ただ、そういう人でも、杏果さんには、次の時間も同じような手の挙げ方をしててもスルーするはずです。２人に対する教師の対応は明らかに違います。

　ここで問題です。アキラくんが教師に対してこう言いました。

「なんで、杏果には注意しないのに、俺にだけ注意するんや」

　そこで、あなたはどう答えますか？

子どもの成長を考えたらどっち⁉

> **Point**
> 「スルーしてもいいことをスルーしない」。教師が「よかれ」と思ってしたことが、子どもの力を伸ばす妨げになっていることがあります。

STEP 8 伸びたか伸びていないかで判断する

「スルーする」「スルーしない」の判断基準

なんで、俺にだけ注意するんや！

　ちなみに、私も、杏果さんの場面はスルーします。

　一念発起して手を挙げた子に対して、「手の挙げ方が悪い！」と指導することはありません。その一言で、杏果さんは二度と手を挙げなくなってしまうかもしれないからです。

　このように、学校生活の中では、スルーしなければいけない場面が、ちょくちょく出てきます。ところが、「ダメなものはダメ」「甘い顔をしていると子どもになめられる」などの理由から、ほんのささいなことも「スルーしない」「スルーできない」先生を時々見かけます。

　これ、非常に危険です。

　学級崩壊を起こす教師の共通点の１つに、

スルーしてはいけないことをスルーする、
スルーしてもいいことをスルーしない

というものがあります（あっ、１つと言いながら２つ挙げてしまいました。スルーしてください）。細かいことまで「あれもダメ」「これもダメ」と一つひとつスルーすることなく指摘されれば、天命を知るような歳になってさえもお片づけが危うい私のようなタイプの子どもは、１日中何か言われ続けることになるはずです。言われていることが正論でもそれ

ではストレスがたまっていきます。その不満はいつ爆発するかわかりません。

「スルー」の基準

不満といえば、前の項目のアキラくんに対する回答は、こうなります。

「それはね、先生は**伸びたか伸びていないかで見ているからです**」

それまで、手を挙げていなかった杏果さんが手を挙げるようになったということは伸びているということ、それに対して、アキラくんは、これまできちんと手を挙げられていたのに、今回はそれができていない。つまり、アキラくんは伸びていない……ということです。

そうそう、伸びていないことを指摘するのも時に重要！

> **Point**
> 教師の判断基準は、１年間ぶれてはいけません。４月に宣言し、日々の授業でも子ども達に伝え続けることが大切です。

第2章 できる教師は眼力でクラスを制する！　41

STEP 9 全体を見て、あえてスルーする

「スルーする」「スルーしない」のもう一つの判断基準

スルーすべきもう一つの場面

　実は、学校生活の中には、2種類のスルーしなければいけない場面があります。一つは、38ページから41ページにあげた「子どもを伸ばすためにスルーしなければいけない場面」です。もう一つは、

いい雰囲気をキープするためにスルーすべき場面

です。このスルーができない教師は、教室の雰囲気を悪くしていきます。当事者以外の子ども達にとって迷惑な話です。

　具体的に述べていきます。4年生の理科の時間、教師は「エジソンは電球を発明するまでに何回ぐらい実験を失敗したのでしょう」という発問をしました。発表者が次々と続きます。

　「50回です」「28回です」「72回ぐらい」

　100回以内という回答が続いた後、アキラくんが大きな声で発表。

　「800回です」

　次に、杏果さんが遠慮がちに発表。

　「10回です」

　「そんなに少ないはずないわ」「ホンマや」

おとぼけスルーで笑わせる

　アキラくんが隣の男の子につぶやいた声を聞いて、杏果さんの表情が曇りました。この時、スルーせずに、アキラくんを指導するという選択肢はありです。ただ、盛り上がっていた授業の雰囲気は確実に悪くなります。杏果さんもそれは望んでいないはずです。私は、とりあえずスルーして、アキラくんにこう言いました。
　「いや、わからへんぞ。もし杏果さんが正解だったら、アキラくん宿題2倍やぞ」（もちろん、本当に2倍にはしませんよ）
　「え〜っ、いややぁ」
　素っ頓狂なアキラくんの叫びを聞いて、クラスに笑い声が響きます。もちろん、杏果さんも笑っていました。

子どものキャラをつかんだ上でスルーしましょう

 Point すべてのことに対して100で対応する必要はありません。時には、スルーしたり、10や20で対応したりすることも必要です。

第2章　できる教師は眼力でクラスを制する！　43

コラム

2

子どもと子どもをつなげるネタ

十一色百人一首

学級づくりの一環として、百人一首を行っている先生も多いと思います。私もそのうちの一人です。有名な実践に向山洋一氏の五色百人一首がありますが、私が行っていたのは……。

● ● ● ● ● ● ● **こんな感じで** ● ● ● ● ● ●

「では、いまから百人一首を始めます。黄色札を並べてください。用意はいいですか？」

子ども達は、自分の机に７枚のカードを並べます。

７枚？

そう７枚なんです。五色百人一首の場合、百首を５色に分けているので、１つの色当たり20枚になります。当然、黄色札は20枚あるはずです。

ただし、俵原学級では黄色札は７枚。

つまり、私が使っているのは、五色百人一首ではないということです。５色ではなく11色に色分けされた百人一首を使っていました。５ではなく11。

つまり、2.2倍の戦闘力を持っているということです。2.2倍の戦闘力があるからやっているというのは、もちろんウソですが、五色百人一首にはない、いいところがあるのです。

五色百人一首の場合、先述したとおり、百首を５色（青・緑・黄・橙・桃）で20枚ずつ色分けしています。百首では時間がかかる百人一

44

首も、20首なら短時間で遊べます。隙間の時間でも百人一首ができる……これが、五色百人一首の最大のセールスポイントです。

　ただし、その20首ずつの選別については、深い意味はないみたいです。そのことに対して、疑問を抱いた東京の阿部肇先生が考え出したものが、この十一色百人一首です。分ける数を多くすれば、さらに短時間でできるようになるだろうということではありません。阿部先生曰く、一字決まりで１つのグループを作るというように「百人一首を覚えるシステムが札自体に仕掛けられている」ということなのです。

　15年ほど前のことですが、阿部先生のクラスを参観した時に、クラスの子ども達の百人一首のすごさに度肝を抜かれました。その時に阿部先生にいただいた自作の百人一首をその後使い続けています。

　では、場面を教室に戻します。
　「１回目は、一人勝負です。むらさめの〜」
　百人一首をする場合、誰かと対戦するのが一般的です。源平合戦なら、１対１ですし、普通のいろはカルタみたいに４人で百首を取り合うこともあるでしょう。

　ただし、私のクラスでは準備運動も兼ねて、「一人勝負」をまず行います。誰かと対戦するわけではありません。自分の机に取り札を置いてそれを取るのです。ほかの子に取られることはありませんので、全員が確実に札を取ることができます。
　「はい」
　「はい」
　子ども達の声が教室に響きます。
　「それでは、いまからリーグ戦を行います。机を移動させてください」
　この後の様子は、紙面の都合上割愛させていただきます。リーグ戦のやり方については、向山氏の実践をご参照ください。追試報告は、ちょっとググれば、たくさん出てきます（笑）。

実は

　「5ではなく11」というところが、今回のコラムの最重要ポイントではありません。「子どもと子どもをつなげる」という点でいえば、5でも11でも効果は変わりません（むしろ、五色百人一首の方が、購入すれば、きれい、丈夫、自作しなくてもいいというメリットもあります）。

　一番伝えたかったことは、「一人勝負」のところです。

　今回の実践例は、百人一首の実践を始めてしばらくたったころの様子ですので、「一人勝負」は、ウォーミングアップ的な位置づけですが、初めて百人一首を指導する時は、この「一人勝負」だけで1時間が終わります。

　以前は、初めて百人一首を目にするような子ども達が何人（たいていの場合、ほぼ全員）いたとしても、次のような感じで、百人一首の説明をして、即対戦を行っていました。

　「百人一首には、読み札と取り札があります。読み札には、五七五七七の短歌が書かれています。取り札には下の句と呼ばれる後半の七七の部分しか書かれていません。ですから、最初のうちは、上の句（五七五）は聞き流し、下の句だけを聞いて取るという形になります。では、いまから対戦を始めます」

　何のことかわからないまま対戦を行っていた子がけっこういたに違いありません。いくら「試しのゲーム」と言われても、1枚も取れなければ、百人一首そのものが嫌になります。いまから思えば、かなりの無茶を子ども達に強いていたものです。

　実は、この「一人勝負」は、けっこう子ども達に好評です。大人から見れば、何がおもしろいんだろうという感じでしょうが、自分のペースでルールが確認でき、確実に札が取れる喜びを味わうことができる点がいいのでしょう。そして、「一人勝負」を何回かしているうちに、子ども達の方から「対戦したい」という声が自然とあがってきます。そのような雰囲気ができてから、対戦を始めても決して遅くはないのです。

第3章

あなたの動きで
子どもとの距離は
コントロールできる！

STEP 1 手を振ることで、つながりを確認

「手を振る」「振り返す」ことで、お互いの気持ちが確認できます

実は、由緒正しいアクションでした

　1年生の教室横の廊下を通り過ぎることがあります。

　その時、教室に向かって、手を振ると100%の確率で多くの1年生が手を振り返してくれます。高学年になれば、数は若干減ってきますが、授業中でなければ、ほぼ100%誰かが手を振り返してくれます。笑顔で手を振ると、笑顔で振り返してきます。

　「手を振る」というわかりやすいアクションがつくことで、お互いの意識がアイコンタクト以上にはっきりとします。一瞬で、子ども達とつながることができるのです。

　ところが、学校現場では、「バイバ〜イ」と下校時に手を振ることはあっても、子ども達とつながるアイテムとして意識して使っている人は意外と少ないようです。もったいないことです。意識して、子ども達にどんどん手を振ってください。その効果は絶大です。

「バイバイ」のトリビア

　ちなみに、「バイバ〜イ」と下校時に手を振るこのアクションは、もともと神道からきたものだといわれています。「魂振り」という儀式からきているそうです。神道では、「魂振り」を行うことによって魂の活力を再

48

生し、空気を震わせることで神霊を奮い立たせ場を清める効果があると考えられていました。神社に行けば、おなじみの風景である神主さんが御幣(ごへい)を持ってお祓いをすることや、参拝者が柏手や鈴を鳴らすといったことがこの「魂振り」の具体例なのですが、日常的に行っている「手を振る」という動作も、実は「魂振り」の一つだったのです。

　このようなトリビアをちょっと知っておくと、意識も変わりますよね。大好きな人（今回の場合、クラスの子ども達）へ神のご加護がありますように……と、手を振るのです。「バイバ〜イ」の時も、「明日も元気に会おうね」という気持ちがこれまで以上に強くなるはずです。

　ちなみに、私は街なかで知らない２〜３歳ぐらいの子どもによく手を振られます。

何でもやりすぎはいけません

> **Point**
> ニッコリ笑顔で手を振るだけで、あなたの魅力は、大幅アップ。学校以外でも使えるスキルです(笑)。

第3章　あなたの動きで子どもとの距離はコントロールできる！

STEP 2 握手で、子ども達との距離を縮める

握手で、一気に子ども達との距離を縮め、安心感を与えます

「さようなら」。握手はしていないけれど

「さようなら！」

帰りのあいさつの後、子ども達が、一人ひとり、先生と握手をして帰る……という実践が昔からあります。

私は、子どものころ、この実践が苦手でした。

握手という行為自体に抵抗があったのです。別に担任の先生が嫌いで、握手が嫌という訳ではなかったのですが、何となく躊躇していました。さらに、先生と握手をするためには、並んで待たねばなりません。行列を作ってまでするほどのものか……？　という思いも加わって、いい大人になったいまも、某アイドルの握手会には一度も行ったことがありません。

では、教師になったいま、子ども達と握手をしていないのかといえば、実はけっこうやっていました。大人になって、握手の持つ意味や効果がわかってきたからです。ただ、それでも、子どもの頃に違和感を持っていた「さようなら」の後の握手はしていません。全員一律に行う握手には、いまだにわざとらしさを感じるからです。

授業中の握手をしています

では、いつするのかというと、授業中です。

50

「おっ、武部くん、その意見、いいねぇ」
　このように発表した武部くんのことをほめながら、そばに行き、握手。また、そうじの時間にもよくしていました。
「ここ、いづみさんがキレイにしてくれたの？　すごいなぁ」
　と、これまたほめながら、握手。どちらの場合も、ほめながら一気に間合いを詰めて、握手をしています。ちょっと強引なくらいに子ども達のパーソナルスペースに入り込んでいくのです。「握手って、なんか苦手」と思わせる暇もありません。しかも、「ほめられる」がセットになっているので、子ども達も、笑顔で握手を返してきます。
　握手にはリラックス効果や安心感を与える効果があります。うまく活用すれば、**一気に子ども達との距離が縮まり、つながることができるの**です。

握手には一気に関係を近づけるパワーあり

Point　ノルマ的に全員と握手をするより、何かほめられるようなことをした時、個別に握手をする方が効果も高まります。

STEP 3 ハイタッチで一緒に盛り上がる

ハイタッチで盛り上がり、親近感を持たせます

とにかく盛り上がれ！

　昔、私のご先祖様が大坂夏の陣に負けて、今でいう愛媛県に敗走中の時には、ハイタッチどころかハイソックスすらありませんでした。

　ところが、ところがです。最近は、日常的にハイタッチが行われています。もともと称賛や祝勝を意味するジェスチャーであったハイタッチですが、いまでは、そのような限定的な扱いではなく、あいさつ代わりにも使われるようになりました。

　日本人は、身体的接触が苦手だといわれています。ハイタッチは、身体的接触といっても、一瞬で終わるのがいいのでしょうね。なぜか握手に抵抗感がある私でも、ハイタッチはかなり頻繁に行っていました。

　しかも、最近の子ども達は、さっと手を出すだけで、条件反射的に、手をパチンと合わせてくれますので、テクニックも使用上の注意も要りません。学校現場でも非常に使いやすいスキルです。

ノーリスク、ハイリターン、ハイタッチ！

　お互い笑顔になり、ポジティブな気分になれます。こんなノーリスクハイリターンのハイタッチを使わない手はありません。

　朝、教室で「イェ〜イ！」

算数の時間、計算ドリルが終わったら「イェ〜イ！」
給食の時間、苦手なニンジンを食べることができたら「イェ〜イ！」
昼休み、運動場から帰ってきたら「イェ〜イ！」
そうじの時間、いつもより早くきれいにできたら「イェ〜イ！」
国語の時間、ナイスな発表で「イェ〜イ！」
そして、日直の仕事お疲れ様で、「イェ〜イ！」

　その気にさえなれば、1日のうちにハイタッチをする機会なんて、いくらでもつくることができます。

　そして、**ハイタッチをすればするほど、子ども達の先生に対する距離感がどんどん縮まり、親しみも増していきます**。ハイタッチをすることで、あなたの教師としての魅力がアップしていくのです。

クラスの雰囲気も変えてくれるワザですよ！

> **Point**　手軽で簡単、だけど、効果抜群。子ども達も大好きなハイタッチをいろいろなシーンで仕組んでいきましょう。

第3章　あなたの動きで子どもとの距離はコントロールできる！

STEP 4 拍手で、一体感を創り出す

みんなで拍手をすることで、一体感ができ、つながりも生まれます

笑顔と一体感を生み出す魔法

「よくがんばったね。村石くんにもう一度大きな拍手を」
みんなから、称賛の拍手をされた村石くんは、もちろん笑顔。
そして、拍手をしているクラスのみんなも自然に笑顔になります。
WIN-WINのいい雰囲気がクラスの中に流れていきます。
拍手という同じ動作を行うことで、「教師と子ども」「子どもと子ども」の間に一体感ができ、つながりも生まれるのです。

3つの拍手を使い分ける

1 音なし拍手

授業中の机間巡指の時によく使います。作業中のノートを見て、よく書けている子の近くでするような拍手です。
「すごいね、もう10個も書けたの」
と軽くほめながら、音が出ない拍手をします。ぱちぱちと音を立てた拍手をしないのは、周りの子の気が散るのを防ぐためです。「あなたのがんばりを認めていますよ」という意味の拍手ですので、その子にさえ伝わればいいのです。

2 しっかり拍手（いわゆる普通の拍手）

　音なし拍手の場合、視覚から入る情報だけですが、しっかり拍手をすれば、そこにパチパチパチという聴覚からの情報も入ってきます。

　その子の目を見て、身体も正対させた上で、強く、速く、拍手するのです。腕を少し伸ばして、その子に向けて拍手をすれば、あなたの気持ちはより伝わるはずです。

3 みんなで拍手

　「村石くんにもう一度大きな拍手を」が、これに当たります。

　時には、これに、スタンディングオベーションを入れると、プレミア感はさらにアップ。より盛り上がることができます。

　また、フジテレビの「笑っていいとも！」でタモリさんが行っていた「いいとも拍手」も効果的です。「いいとも！」を知らない若者は、WEBで各自調査。または、下のイラストをご覧ください。

全員で同じリズムを拍手で刻むと気持ちいい！

Point 実は拍手が日本に浸透したのは、明治以降。「バイバ～イ」と手を振るよりも新しいのは意外（笑）。

STEP 5 リアクションを意識せよ

教師にとっても、リアクションは大切な要素です

 めざせリアクション教師!?

「押すなよ。押すなよ。絶対に押すなよ」
　決めゼリフが出るやいないや、期待どおりに押されて、熱湯風呂にダイブ。たとえ、熱湯が収録の関係で冷めてしまっていても、熱くて悶絶するリアクションを見せ、笑いを取る。リアクションがよければよいほど、人気も急上昇。このように、お笑い芸人にとって、リアクションは売れるための大切な要素です。
　実は、教師にとっても、リアクションは仕事をする上で、大切な要素の一つです。もちろん、「熱湯風呂に入れ！」ということではありません（それはそれでおもしろいとは思いますが）。子ども達のアクションに対して、いいリアクションをしなければいけないという意味です。**人って、自分がした行動に対して、プラスのリアクションをしてくれた人のことを好きになるもの**だからです。教師としての魅力を高めるためにも、リアクションは必要不可欠なスキルになのです。
　プロインタビュアーの吉田豪さんは、その著書『聞き出す力』（日本文芸社）で、インタビュー時に気をつけることの一つとして、「いい答えが返ってきたら、ちゃんといいリアクションで返すこと」と述べています。ただ、教師の場合は、いい答えが返ってこなくても、いいリアクションで返さなければいけません。では、どのようなリアクションを返してい

けばいいのか。具体的に述べていきます。

初級編　笑う

　以前、私のクラスを見にきた先生から、「よく笑うクラスですが、俵原先生が誰よりも笑っていたのが印象に残りました」と言われたことがありました。実は、自分自身、そのような自覚はありませんでした。無意識に笑っていたのです。ただ、この日以降、リアクションとしての「笑う」という行動を意識するようになりました。まず、教師が「ガハハ」と、ひな壇芸人のように大きな声で笑うことによって、子ども達に笑いどころを教え、教室の雰囲気を明るくするのです。

先生の笑い声で子どもをのせていこう‼

> **Point**　リアクションは、「私は、あなたのことをしっかり見ていますよ」という証明です。意識してリアクションしましょう。

STEP 6 さらなるリアクションの高みへ

リアクションがうまくできなくても、意識することが大事です

中級編　オーバーアクション

　大きな声で笑えるようになったら、次のステップです。

　熱湯風呂に入ったリアクション芸人がのたうち回る姿が、まさにこれ。「そんなに熱くないやろ」と思いながらも、そのオーバーアクションに思わず笑ってしまいます。ただ、教師という職業は熱湯風呂に入る機会はほとんどありませんので、イメージするなら、手をたたきながら笑う明石家さんまさんや体操のお兄さん・お姉さんの姿でしょうか。動きを大きく、大袈裟にするだけで、子ども達からの注目度は大幅アップ。とくに、１年生にはバカ受けです。

中級編2　表情のオーバーアクション

　さらに、表情のオーバーアクションもできれば、言うことなし。特に、喜怒哀楽の喜と楽の表情を、豊かに表現できれば、完璧です。クラスの中がプラスの雰囲気に満ち溢れます。相手を笑わそうと必死に変顔を作って「にらめっこ」をしているイメージです。

　「いやぁ、性格的にそこまではできへんわ」

という人はもちろん、無理する必要はありません。人には向き不向きがあります。とりあえずは、最初のステップの「笑う」だけでも十分です。

58

ただ、変顔なんかしなくてもいいので、**自分がいまどんな表情をしているのかは、常に意識してほしい**と思います。

「うわぁ、彩夏さんすごいね」とプラスの言葉がけをしているのに、顔を見ると、「えっ？　怒ってるの？」と思えるような表情をしている先生を見かけることがあります。これだと、子どもはほめられた気はしないはずです。多分、ご本人は、自分が怒っているような表情になっていることに気づいていません。**聴覚と視覚のイメージにずれがあってはいけない**のです。ほめる時は笑顔で、叱る時はまじめな顔で。自分がいまどんな表情をしているのか意識して、子ども達と接してください。

やっぱり多少の動きがないと、子ども達ものれません

Point できる人は、オーバーアクションに挑戦してください。得るものは多いはずです。無理をしてまでする必要はありませんが。

第3章　あなたの動きで子どもとの距離はコントロールできる！　59

STEP 7 とにかく遊ぶ

若い頃には、みんな言われてきたゴールデンルール

 ### 若いんだから、授業が下手なのは当たり前。だからこそ……

　私が、教育実習生に対して、必ず言うことの一つに、「休み時間は、子ども達と遊んでください」ということがあります。実習生だけではありません。若い先生に対してもよく言っています。
　ちなみに、自分も若い頃言われました。同じ言葉を言われた(もしくは言った)人も多いと思います。

若い教師はとにかく遊べ！

　日本全国津々浦々、至る所で言われているようです。
　それだけ、若い先生にとって、「子ども達と遊ぶ」ということは、学級づくりを行う上で、必須事項と言うことができます。
　実際、子ども達と先生が楽しそうに遊んでいるクラスに学級崩壊は起こりません。

遊ぶことによって、子ども達とつながることができる

からです。
　「今度の先生は遊んでくれる」
　子ども達は先生のことが好きになります。
　「あれ、この子にはこんな一面があるんだな」

教師は、授業中とは違った子ども達の一面を知ることができます。まさにWIN－WINの状態です。

遊びはアウトドアだけじゃない

ただ、1つ気をつけなければいけないのは、「クラスのすべての子と遊んでいるか」ということです。

クラスには、外遊びが好きな子もいれば、教室で折り紙をするのが好きな子や図書室で本を読むのが好きな子もいます。

「子ども達と遊べ！」と言われると、ついついアウトドアでの遊びが頭に浮かびますが、それではクラスの子全員とつながることはできません。インドア派の子ども達とも意識して遊んでください。

まず「先生が誰よりも楽しそうに遊ぶ」ことです

> **Point**
> 子ども達と思いっきり遊ぶことができる。これは、若い（自称も含む）教師の特権です。どんどん遊びましょう。

第3章　あなたの動きで子どもとの距離はコントロールできる！　61

STEP
8 腹から声を出せ

あなたの声は教師の声ですか？　腹式呼吸で、教師の声になりましょう

ライブ後もいつもと変わらない鋼の喉

　この夏、友人と2人でももいろクローバーZの夏ライブ「桃神祭」に参戦しました。友人は、「桃神祭」初参戦です。私は3年連続3回目。今年もめっちゃ盛り上がりました。初めての人もそうでない人も同じように楽しめるのが「桃神祭」のすばらしいところです。

　ただ、盛り上がりすぎて、彼はライブ終了後に声が出なくなりました。でも、私は大丈夫。ライブ終了後もいつもどおりの美声（？）です。

　なぜ、このような差が出たのでしょうか？

　実は、これと同じようなことが4月末の小学校でも起こることがあります。4月に赴任した新任の先生の声が出にくくなっているという現象です。大きな声を出しすぎて、ガラガラ声になっているのです。

ヒケツはのどではなく「おなか」

　以前、陰山英男先生に次のような話を聞いたことがあります。

　「新任の先生には、まず先生の声になってもらわないといけないから、最初のうちは、研修でひたすら音読をさせています」

　それも、ただ読むだけでなく、張った声で腹式呼吸をしながら音読をさせるそうです。つまり、腹式発声での音読です。

私のライブ終了後の声がいつもと変わらなかった理由はこれです。ライブ中も腹式発声で「うりゃ、おい！」とコールしているから、声がかれなかったのです。
　腹式発声のメリットは、「声がかれない、喉が疲れない」というだけではありません。「大きな声が出せる」「大きな声だけでなく小さな声も出しやすいので、メリハリをつけやすい」「吐く息の量のコントロールがしやすい」「発声に余裕ができる」などたくさんあります。
　昔の人も言っています。

腹から声を出せ！

　気合の入っていない弱々しい声では、教師オーラは発揮できません。

とにかく声を出すのが教師の基本ですヨ！

> **Point**
> 「腹式呼吸」「腹式発声」で、教師の声を手に入れましょう。具体的なやり方は、紙面の都合で割愛。各自調べてください（笑）。

STEP 9 その空間に ふさわしい身体に

逆境にあっても、ポジティブになれるちょっとしたコツ

「元気いっぱい！」だけじゃダメ

空前絶後のォ!!!
超絶怒涛の教育者!!!
クラスの子ども達を愛し、クラスの子ども達に愛された男!!!
そう、我こそはぁぁぁ!!!
サンシャイン!!た!わ!ら!

どうですか？　想像してください。
　あなたがクラスの子どもだとして、毎日こんなテンションの担任の先生と学校生活を送るとしたら。ましてや、あなたが実の子どもだとして、毎日こんなテンションの父親と生活を送るとしたら。
　絶対、嫌ですよね。
　全力でがんばる姿は美しいのですが、それが、いつ、どんなシチュエーションでも全力だと周りの人にとっては迷惑なことも多々。

身体が空間と対話していますか？

鴻上尚史さんが、ご著書に次のように書かれています。

元気すぎる人は、5人しかいない会議室も300人のホールでも、同じようなエネルギーに溢れた身体になります。けれど、それは、空間と対話していない身体なのです。(『コミュニケイションのレッスン』、大和書房)

　1対1で子どもと話す時と運動場で全校児童に話す時とでは、声の大きさを変えなければいけないということは、誰でも知っていることです。でも、変えなければいけないのは、声だけではありません。
　視線の動かし方、立ち方、動き方などなど、その空間にふさわしい身体の動きも意識しなければいけないのです。
　その空間にふさわしい身体になることを意識しましょう。

その場に合うふるまいをしましょう…。ハイ

Point その空間にふさわしくない元気すぎるオーラは、かえって周りの人達を疲れさせます。あくまでも、その空間にふさわしい元気がいいのです。

第3章　あなたの動きで子どもとの距離はコントロールできる！

コラム
3

子どもと子どもをつなげるネタ

どうぶつしょうぎ

雨の日の休み時間、しっとり落ち着いた雰囲気で、知的で楽しい時間を過ごさせたいと、将棋盤を教室に持ち込んでいた時期がありました。ただ、初心者にはルールもややこしいし、勝負がつくまでに時間がかかる。そんな時に出合ったのが、このどうぶつしょうぎでした。

● ● ● ● ● ● ● こんな感じで ● ● ● ● ● ●

　休み時間、教室で、日記に返事を書いていると、周りに子ども達が寄ってきます。

　日記の返事も書き終えた私は、近くの子に話しかけます。

　「将棋って、知ってる？」

　「うん。はさみ将棋なら……」

　「実は、こんなん見つけたんだけど」

　おもむろに、どうぶつしょうぎを机の引き出しから取り出します。

　「なに、これ、かわいい」

　ライオンやゾウやキリン、ひよこのかわいいイラストに女子のテンションが上がります。どうぶつしょうぎとは、３×４の盤面を用い、駒の動きを簡略化した将棋で、将棋普及のために、女流棋士の北尾まどかさんがルールを考案し、元女流棋士の藤田麻衣子さんがデザインしたものなんやで……などのうんちくはもちろん話しません。

　「やってみる？」

　「やる、やる」

　「相手のライオンを取ったら勝ち。それと、相手陣地まで自分のライ

オンを進めても勝ち。これは、普通の将棋とは違うところなんやけどね。それぞれの駒は、すみに書いてある●の方に１つ進める……まぁ、とりあえずやってみましょう」

　この程度のルール説明で十分。

　あとは、実践あるのみです。

　ただし、現物も何もなく、文字情報だけではみなさんにわかりにくいかもしれませんので、少しばかり補足します。

１　駒の並べ方は、下の写真のようになります。
２　相手のライオンを取るか相手の陣地に自分のライオンが行けば勝ちです。相手の陣地とは最初に相手のライオン、ゾウ、キリンがいるますのことです。
３　駒は、●の方向に１つ動かせます。ひよこは相手の陣地に行くと、ニワトリになります。
４　取った駒は、自分の駒として使えます。相手の駒がないところであれば、どこに置いてもかまいません。将棋のようなルールはありません。

　最初は、教師対たまたま近くにいた女子から始めます。

　当然、その様子を周りの子は見ています。

　わざと負けたりはしません。本気で勝ちに行きます。もちろん、私の勝利です。

「たわせん（私のあだ名です）、今度は俺と勝負しよう」

　元気者の玉井くんがのってきました。でも、ここはちょっと休憩。

「まずは、しおりさんに勝てたらね」

　しおりさんは、さっき私と勝負していた女の子です。一度でもやったことがあるという経験の差か、玉井くんとの勝負は、何としおりさんが勝ってしまいました。

第３章　あなたの動きで子どもとの距離はコントロールできる！　67

「くっそ〜っ」

悔しがる玉井くん。

「もう1セットあるけど、やる？」

今度は、高城くんも手を挙げました。

　1試合あたり、5分ほどで終わりますので、昼休みなどの長めの休み時間だけではなく、5分休みや給食の待ち時間など、ちょっとした隙間の時間にも行えます。かくして、この日を境に、クラスの中に、どうぶつしょうぎブームが起こったのです。

● ● ● ● ●　実は　● ● ● ● ●

　市販の実物は1セットだけ、あとはすべて前ページのような自作のものを使っていました（現在は、無料のアプリもたくさんあるようです）。

　そのうち、子ども達も、自分達でどうぶつしょうぎを作り始めました。3×4の盤面と4種類×2の駒を作ればいいのですから、簡単です（最初は、オリジナルどおり動物の駒を作っていたのですが、ある子が自分の好きなキャラクターでコマを作り始めてからは、何将棋かわからなくなってしまいました）。

　この自分だけのオリジナルどうぶつしょうぎによって、どうぶつしょうぎブームは、さらに勢いを増しました。ブームは、教室内だけでなく、家庭にまで波及したのです。

　ちなみに、私が最初に勝負をしたのが、将棋好きの男子ではなく、たまたま近くにいた女子だったことには、教師のある意図が隠されています。

　その意図とは……、

ここではあえて申しません。

それぞれお考えください。

第4章

クラスで
楽しいオーラを
出せていますか?

STEP 1 楽しそうな先生になるために

楽しそうな先生になるためのポイントは、笑顔です

おもしろい人にはなれなくても……

　学生時代、はやりのお笑い芸人の真似をしたり、自分の体験をおもしろおかしく話したりして、周りの友達を爆笑の渦に巻き込むようなそんな友だち、いませんでしたか？
「あいつ、おもしろいよなぁ」
　と、クラスで評判になるような子です。
　関西の場合、おもしろい子は、運動ができる子や頭のいい子やカッコいい子よりモテます。だから、関西人はできることなら、おもしろい人になろうと一度は努力をするのですが、クラスで「おもしろいやつ」という称号を得ることはなかなかできるものではありません。
　努力だけでなくセンスも必要です。
　つまり、「おもしろい人」になることは、かなりハードルの高いミッションと言うことができます。そして、「おもしろい人」になることが難しいということは、「おもしろい教師」になることも、かなり難しいということになります。だから、そんな難しいことをしようとしないでください。

おもしろい教師になる必要はないのです

　おもしろい教師になるのではなく、「楽しそうな教師」になることをめ

ざしてください。自分がおもしろいことを言わなくてもかまいません。いつも楽しそうにしていればいいということです。

　楽しそうにする上で、とくにセンスは必要ありません。笑顔でいようと意識する、ちょっとした努力さえできればいいのです。

　いつも楽しそうにしている人からは、プラスのオーラを感じることができます。そのような人の周りには、笑顔の人が集まってくるものです。笑顔の先生の周りには、笑顔の子ども達が集まってくるということです。

　そして、その中には、自分の学生時代同様、おもしろい子が1人や2人は必ずいるものです。教師は、笑顔でそのような子をプロデュースして、クラスの中に楽しい雰囲気を作っていけばいいのです。

おもしろい子をプロデュースするコツは、お客を育てること

Point：おもしろい教師になれなくても、楽しそうな教師にさえなれば、子ども達は笑顔でついてきてくれます。

第4章　クラスで楽しいオーラを出せていますか？　71

STEP 2 いつも笑顔の教師と思われる方法

笑顔の先生のつくり方＝3秒の笑顔×20回

 笑顔でいればいいと言われても……

「いやいや、ちょっと待て、俵原。いつも笑顔でいることって、そんなに簡単なことではないぞ」

と、前の項目を読まれた方からお叱りの声が聞こえてきそうですが、これはあくまでも「おもしろい教師」になることに比べれば、簡単ですよ……という意味です。笑顔を常にキープするということは、かなり難しいことだということはわかっています。

私も、そんなことはできません。私だけではなく「笑顔が一番、れにちゃん」といわれている笑顔の達人、高城れにさんですら、ライブ中、笑顔を常にキープしていることはありません。

……というか、そもそも、私は、「いつも笑顔でいましょう」とは書いていません。もう一度前の項目を見てください。

確かに私は、「いつも楽しそうに」とは書いています。でも、それは、「いつも笑顔」ということではありません。いつも楽しそうに見えるように「笑顔でいようと意識」してくださいと書いているのです。

「笑顔の教師でいましょう」と言われると、いつも笑顔でいなければいけないと、つい思ってしまいがちですが、そんなことはありません。

常に笑顔をキープする必要はないのです

　実際、45分の授業中、常に先生が笑っていたら、逆に、なんか落ち着かないでしょ。キリッとした顔も、まじめな顔も、驚いた顔も、悲しそうな顔も、時には怖そうな顔も必要です。ベースはあくまでもニュートラルな自分の表情になります。そこに、笑顔を乗っけていくのです。
　「おはようございます」。あいさつの後に、笑顔。
　「はっきりとした声で読めたね」。音読を聞いて、笑顔。
　「あれ？」。授業中、チョークを落としてしまい、笑顔。
　「ありがとう」。休み時間、ゴミを拾っている子を見つけて、笑顔。
笑顔でいる時間は、1回あたり3秒ほどでかまわないのです。この3秒の回数を増やしていく……これが、「笑顔でいようと意識する」ことなのです。

3秒の笑顔も積もれば山となる

Point : 3秒の笑顔は、ほめ言葉とセットにすると、効果は倍増します。笑顔でいようと意識することが大切です。

STEP 3 笑顔のオーラは伝染する

ミラーニューロンの働きで笑顔は伝染します

自分が試合をしたわけでもないのに……

2016年リオデジャネイロオリンピック。

バドミントン女子ダブルス決勝。

まさに手に汗握る攻防でした。

スマッシュを決めた時は、ガッツポーズ。

逆に決められた時は、くやしがる。

ただ見ているだけなのに、あたかも自分が試合をしているかのようにエキサイトしました。第3セット16対19からの、対デンマーク奇跡の逆転劇を見終えた後は、心地よい疲労感と充実感に包まれたものです。

ほんと、ただ見ていただけなのに（笑）。

でも、これと同じように、本来自分とはまったく関係ないことなのに、感情移入しまくることって、けっこう日常生活でもありますよね。

たとえば、テレビドラマや映画などの悲しいシーンを観てそれが演技だとわかっていても、感情移入して涙が溢れることなどがそうです。

笑顔の教師が笑顔の子どもを育てる

実は、これらはミラーニューロンの働きによるものといわれています。ミラーニューロンとは、別名、「ものまね細胞」とも「共感細胞」ともい

われているものです。

　実際に自分が体験していなくても、ほかの人がしているのを見ただけで、ミラーニューロンが活性化して、見たものを脳内に鏡のように映し出し、脳の中で同じように再現してしまうのです。

　もちろん、このミラーニューロンは、笑顔も再現します。

　つまり、こちらが笑顔であれば、それを見た人の脳の中で笑顔が再現され、実際の表情も笑顔になるということです。

　だからこそ、教師は笑顔のオーラをふりまかなければいけません。人は楽しく幸せな気持ちの時に笑顔になりますが、笑顔になることで、幸せな気持ちになることもできるからです。

幸せなクラスは、まず教師の笑顔から

> **Point**
> ミラーニューロンは、笑顔のオーラも再現します。いつも楽しそうな教師の周りには、自然に笑顔の子ども達が育っていくのです。

第4章　クラスで楽しいオーラを出せていますか？

STEP 4 アイコンタクトは絆

アイコンタクトで、子ども達とつながることができます

アイコンタクトをとる理由

　高城れにさんのソロコンサートで、新曲を発表した時の話です。この曲に、れにさんがどうしても入れてほしかった歌詞が「言わなくても通じあう　アイコンタクトは絆」というものでした。
　「普段こうやってライブをしていると、なかなか１人ずつとお話しすることって難しい。ライブ中に私達は、アイコンタクトをとることしかできない。アイコンタクトって一番大事だなって思ってて、本当に信頼してたら多分、言葉っていらないと思うんですよ。私達はこうやって目と目が合って、ちゃんと信頼してるんだなってわかるのが、ライブ会場だなって」
　この話、学校というライブ空間でも同じことが言えそうです。

「君を見てるよ！」の合図

　もちろん、本当のライブ会場と違って、教室では、子ども達一人ひとりと話をすることは全然難しいことではありません。
　でも、それでも、やはりアイコンタクトは大事です。
　アイコンタクトを大事に思っているれにちゃんのことを、ファンが大好きなように、クラスの子ども達も、自分のことをちゃんと見てくれる

人のことが大好きだからです。
　ところが、子ども達とアイコンタクトがとれていない教師って、けっこう見かけます。とくに、授業中です。発表している子どもがいる時は、その子のことをしっかり見ている教師でも、自分が話している時には、アイコンタクトの意識が低くなっていることがあります。教科書ばかり見ていたり、一部の子しか見ていなかったり、なぜか教室の右側を見ていたり……。
　「クラスのすべての子ども達とアイコンタクトをとろう」と意識しないと、どうしても抜けるところが出てくるのです。
　子ども達が学校生活の中でもっとも長い時間を過ごすのが、授業中です。この重要なライブ空間において、アイコンタクトをしっかりとることが、クラスのすべての子ども達と絆を深めるために何よりも大切なことなのです。

子犬のアイコンタクトは、無敵!!

Point　意識しないと、アイコンタクトをクラスの子全員ととることはできません。いままで、無意識でいたことを意識化するのです。

第4章　クラスで楽しいオーラを出せていますか？　77

STEP 5 教師のオーラを目ヂカラに乗せて

アイコンタクトで、教師の思いを伝えることができます

アイコンタクトをとる2つ目の理由

　ある年の氣志團万博に、なんと、矢沢永吉、降臨。

　私は、とりわけ熱狂的なファンということもなく、生の永ちゃんを見るのは、その時が初めてだったのですが、そのパフォーマンスに圧倒されました。

　とくに印象に残っているのは、ラストシーン。

　最後の曲を歌い終え、まだその曲のアウトロ（エンディング）が流れる中、「サイコー！　ありがとぉ……」とシャウトし、観客をいっさい振り返ることなく、真っ赤な「E. YAZAWA」印のタオルを肩にかけて去っていったのです。

　凄まじいオーラを感じました。

　で、永ちゃんぐらいの存在感があれば、ただ教室にいるだけでも子ども達に影響を与えることができるのですが、永ちゃんほどのオーラがある人は、そうそういるものではありません。我々凡人は、決して真似をしてはいけません。

　やはり、しっかりと向き合う必要があります。

　教師のオーラを目ヂカラにのせる

のです。これが、アイコンタクトをとる2つ目の理由です。

オーラを届ける！

　とくに、授業や集会で多くの子ども達に向けて話をするような「1対多」の場面では、「先生の方を見てよ（オーラを届ける）」という意識でアイコンタクトをとってください。

　ただ、人数が多くなればなるほど、全員とアイコンタクトをとることは難しくなります。でも、大丈夫。**「先生の方を見てよ」のアイコンタクトの場合、実際にはアイコンタクトがとれていない子が何人かいてもかまいません**。ただし、そのことを子ども達に気づかれるようではいけません。すべての子に、先生に見られていると思わせなければいけないのです。そのために、目ヂカラが必要なのです。

　そして、その時の目線の動かし方は、「Z」です。

そうそう「Z」が重要なんです

 Point 目ヂカラがあると感じさせるためには、視線を定める必要があります。どこを見ているのかわからないようではいけません。

第4章　クラスで楽しいオーラを出せていますか？

STEP 6 好き好きオーラを出す

慕われる教師になるための必須条件

まずは、自分から……

　クラスの子ども達から好かれる、慕われる教師になるための必須条件は、これです。

子どものことを好きになる。

　好かれようと思う前に、まず好きになるということです。

　無理に子ども達に好かれようと思わなくてもいいのです。好かれようという意識が前面に出すぎると、どこかで必ずボロが出ます。そのわざとらしさは必ず子ども達にも伝わります。そうなると、逆効果。子ども達の気持ちは離れていきます。

　スーパー保育士である原坂一郎氏は、私との共著（『若い教師のための１年生が絶対こっちを向く指導！』、学陽書房）で、次のような話をしています。

　４月当初に気をつけていることは、「１週間以内に全員を大好きになる」ということです。

　スーパー保育士ですらこのような意識で子ども達の前に立っているのです。いわんや……ということです。

誰一人欠かさない

　ここで気をつけないといけないことは、「全員」というキーワードです。「一人でも欠けると、クラスの運営がうまくいかない」と原坂さんは話を続けていました。「先生は、自分のことをあまり好きではないんだな」ということを、その子自身はわかります。そして、周りの子も気づきます。そのような教師が慕われるはずがありません。

　ちなみに、原坂さん自身、「1週間以内」と言いながらも、どうしても最後の1人が好きになれず、9月までかかった年もあったそうです。

　持って生まれた相性などもあるでしょうから、あなたが、すぐにクラスの子ども達全員を大好きになれなくても、自分を責める必要はありません。原坂さんですら、9月までかかったことがあるのです。途中で投げ出さなければ、いつか道は開けます。

「全員大好き」への道は決して平坦ではありません

> **Point**
> 何よりもクラスの子どもを好きになる。「あ〜、それ無理！」と努力もしない人には、この言葉を差し上げます。「あなた、教師無理！」。

第4章　クラスで楽しいオーラを出せていますか？

STEP 7 すべての子どもを 好きになるために

子どものいいところを見つける方法

子どもと波長が合わない時は？

　教師も人間ですから、「この子は、どうも自分とは波長が合わないな」と感じることもあるでしょう。

　ただ、あなたはプロの教師ですから、そのことを決して表に出してはいけません。必ず子ども達に伝わるからです。そして、そう感じたことをそのままにしておいてはいけません。短期間ならごまかせても、長期間になれば、敏感な子は気づきます。だからこそ、化けの皮が剥がれる前に、すべての子を好きになるための努力をしなければいけないのです。

　その一つが、「その子のいいところを探し出す」ということになります。

「いいところ探し」がスタート地点

　ただ、これがなかなか難しい。というのも、「いいところが見つからないから、好きになれない」という一面があるからです。

　では、どうすればいいのでしょうか？　次のような話があります。

　料理の撮り方を訊かれたときは、光のアドバイスのほかに、「おいしそう、と思って撮るといいですよ」と伝えました。物も同じで、「いいな」「かわいいなぁ」と思いながら撮る。そうすると、その物や料理の「いい

ところ」を探して、角度や位置を変えてみたりと、自然と努力したくなる。（菅原一剛『写真がもっと好きになる。』、SBクリエイティブ）

　これを、教師にあてはめてみます。
「好きになれない子のいいところを見つけるには？」
「簡単です。その子を好きになればいい」
「だから、好きになるために、いいところを探したいんです」
「それなら、なおさら、その子を好きになればいい」
　まるで禅問答のようです。でも、これでいいのです。極論を言えば、

最初は、本気で「好き」だと思っていなくてもいいのです。

　何の根拠がなくても、「この子はいい子だ」「すてきだな」と思い込むことが大切だということです。そうすればいいところは見えてくるものです。

「大好き」と思い込むことから始まります

> **Point**　あばたもエクボ。好きになればいいところが見えてきます。何が何でも、その子のことを好きと思い込みましょう。

第4章　クラスで楽しいオーラを出せていますか？　83

STEP 8 好きになれば あなたが変わる

ポジティブ教師の道まっしぐら

「好き」は言動を変える

　クラスの子ども達のことを好きになれば、あなたの言動は自然と変わってきます。

　もちろん、いい方向にです。

　まず、言葉遣いが変わってきます。

　あなたが男子小学生かツンデレな女子高生でない限り、好きな人に対して、相手が嫌がるような言葉を浴びせることはないと思います。

　あなたの発する言葉は、ネガティブなものからポジティブなものに変わっていくはずです。だから、いつもネガティブな言葉を発している先生は、本当は、クラスの子ども達のことを好きじゃないんだろうな……と勘ぐってしまいます。そして、言葉遣いが変わると、自然と優しい行動も増えてくるはずです。

「好き」だからこそ伝わる

　しかし、時には、叱ることも必要です。

　ただし、叱る時でも、声を荒らげる必要はありません。というか、そもそも大好きな相手に対して、普通、声を荒らげることなどできないのではないでしょうか。実際、感情的に怒鳴るよりも、いつもより、ちょ

っと低めの声でゆっくり諭すように話した方が、子ども達の心の中にスッと入っていきます。

　また、相手に好かれようという思いが強くなりすぎると、嫌われないためにはどうすればいいのかということにばかり意識がいき、叱るべき時に叱れなくなってしまいます。優しい先生ではなく、子ども達に媚びた単なる甘い先生になってしまうのです。

　だからこそ、

「好かれようとするより、まず好きになること」が大切なのです。

　先生が自分達のことを好きだというオーラは確実に子ども達に伝わっていきます。

あなたの心を子どもは見ています

> **Point**
> クラスの子ども達を好きになると、あなたの言動はそれまで以上に自然と優しくなっていきます。これ、重要なポイントです。

第4章　クラスで楽しいオーラを出せていますか？

STEP 9 さすがプロだと思わせる裏ワザ

専門勢力を身につけよう

🕐 うわぁ、この人すごいわ！

　私は、歯医者が嫌いです。

　だから、できるだけ歯医者には行きたくありません。

　という訳で、「ちょっと歯がしみるなぁ」という程度では歯医者には行きません。常に気になりながらも、鋼の精神力で我慢します。で、そうしている間に、虫歯の状態はC1からC3までどんどん進行。結局、痛みに耐えられなくなってようやく歯医者に行くことになります。

　実際、行ってみて治療を受けると、どのような魔法を使ったのかと思うぐらい、痛みは治まります。

　「とりあえず、これで1週間様子をみましょう」

　痛みから解放され、歯医者さんに対する感謝の念は最上級になります。あれだけ行くのを嫌がっていた歯医者でも、1週間後に必ず行かなければ……とほかの予定をキャンセルし、最優先事項に格上げです。

🕐 まずは「すごいふり」をしてみよう

　これこそが、「専門勢力〜専門家という立場に従おうと思わせる影響力」です。つまり、**「さすがプロだ」と感動する**とその人の言うことを聞いてしまうものなのです。

教師も、子ども達にこのように思わせないといけません。
　王道的な話をすれば、しっかり本を読んで、先行実践から学び、進んで研究授業を行い、論文を書き……など、教師の力量を高める努力をしなさいということなのですが、そこのところを書き始めると、それだけで全集になってしまいそうなので、ここでは誰でも明日からできる簡単な裏ワザを１つ紹介します。
　４月当初、あえて子ども達の方を一切見ないで、板書をしながら、一言こう言います。
　「手遊びしている子がいるけど、やめてくださいね」
　ちょっと教室がざわついたタイミングで、あたかも見えているように言うのです。
　「えっ、先生、こっち見ていないのに‼」
　さすがプロだ‼と、子ども達は善意の勘違いをしてくれます。

「見すかされてる！」と子どもに思わせよう！

Point どんなにセコイ手を使っても「なんか、先生はすごいぞ」と思わせることが大切です。「なんか」というところが裏ワザの裏ワザたる所以です。

第４章　クラスで楽しいオーラを出せていますか？　　87

STEP 10 保護者と組めば最強タッグ

さすがプロだと思わせる裏ワザは続きます

ま、先生だからね

さて、もう１つ、「専門勢力」を身につける裏ワザを紹介します。**「先生は何でも知っている」と子ども達に思わせる方法です。**

もう10年ぐらい前の話、場面は、休み時間の教室。私が日記の返事を書いていると、子ども達がわやわやと集まってきました。

「そういえば、大剛くん、昨日公園で遊んでたよね」

そばに寄って来た大剛くんにこう語りかけます。

「先生、何で知ってるの？」

実は、大剛くんと一緒に遊んでいたアキラくんの日記に書かれていたのですが、そのような実情は一切出さずにこう言いました。

「ま、先生だからね」

さすが、たわせんね！

また、別の日の休み時間。ニコニコと笑顔で近づいてきた大剛くんに、ほかの子に聞こえないぐらいの声でこう言いました。

「最近、大剛くん、嫌なことあるんじゃないの？」

「えっ？」

「先生だからね、何となくわかるんだよ」

いまならば、子どもが一見明るくふるまっていても、その表情で何となく心の内はわかりますが、まだ若かった当時はそのような見方は当然できません。この時は、前の日に大剛くんのお母さんから、「最近元気がないみたいだけど、何か学校でありましたか？」という相談を受けていたから言えたというのが真相です。話を聞いて、悩み事自体は、その日のうちに解決。大剛くんは、元気に帰っていきました。

　そして、家に帰った大剛くんは、お母さんにその日あったことを話しました。
　「ぼくが、何も言っていないのに、先生が話しかけてきたんだよ」
　ここでのお母さんの返しが絶妙でした。
　「さすが、たわせんね！　何でもわかっているのね」
　お母さんのこの一言で、大剛くんの私に対する信頼度は200％アップしたのでした。連係プレーの勝利です（笑）。

保護者とのいい関係はクラス運営の強みになる！

> **Point**　教師の力量が高くなくても、裏ワザを使えば、クラスの中に「先生はすごい！」という空気をつくっていくことができるものです。

第4章　クラスで楽しいオーラを出せていますか？　89

> コラム
> **4**

教師と子どもをつなげるネタ

仲間集めゲーム

「お題に対する回答が同じものどうしが集まる」というシンプルなゲーム。出すお題によって、クラスの子ども達の好きなもの、興味があるものをリサーチすることができます。

● ● ● ● ● こんな感じで ● ● ● ● ●

まず、教師の説明から入ります。

「いまから、『仲間集め』というゲームをします。先生の指示に従って、大きな声を出して、動き回りながら、自分と同じ仲間を集めてください」

ここではていねいにルールの説明はしません。ざっくりと流れだけを話します。当然、このような説明では、ほとんどの子ども達は何をするのかわかっていません（これを読んでいるあなたもわからないでしょ？）。それでいいのです。ここで「質問はありませんか？」と聞いたりしたら、ますますその場は混乱します。実際にゲームをやりながらルールを確認していく方が子ども達の理解は早くなります（この原則は、仲間集めゲームに限ったことではありません。すべてのゲームに言えることです）。

「……と言われても、何のことかよくわからないかもしれませんが、まず試しのゲームを一度やってみましょう」

テンポよく次に進んでいきます。

「自分と同じ仲間が集まったら、その場に座ってくださいね。では、始めます！」

90

教師は大きな声で叫びます。

「好きな果物！」

一瞬、静寂の時間が流れます。

でも、すぐに気づく子が出てくるはずです。

「バナナ、バナナ」

「あっ、俺もバナナ」

1人の子の気づきは、一気にクラス中に広がります。

「イチゴォ〜」

「パイナップルはこっちに来て」

「桃はいない？」

それぞれの子が好きな果物の名前を叫び出します。教室に、大きな声が響き渡ります。

同じ果物を好きな仲間が集まって座るグループが、ある程度出てき始めたら、

「あと1分です」

と残り時間を告げます。

教師のこの声を聞いて、まだ座っていない子達はあわてて仲間を探します。制限時間が来たら、終了！（2回目からは、最初に「時間は2分です」と制限時間を告げるのですが、初めてする時はこのように子どもの様子を見て、時間を区切る方がうまくいきます）。

答え合わせをします。教師はそれぞれのグループを回ります。

「へぇ、玉井くんと百田くんは、バナナが好きなんだ」

「さくらんぼは、高城くんと佐々木さん。おいしいよね」

一言二言コメントを入れていきます。

「えっと、川上くんと古屋さん達のグループは……えっ、バナナ！」

これはいけません。バナナ好きのグループで固まらないといけないので、川上くん達は玉井くん達のグループと一緒にいなければいけなかったのです。

「アウトです。だって、バナナのグループがほかにあったでしょ。この2つが一緒になっていないといけなかったんです。これでルールは、だいたいわかりましたか？　次からが本番ですから、次はアウトにな

らないようにしてくださいね」

　あくまでも今回は試しのゲームです。実際にゲームをしながらルールを確認するのが目的ですから、１回目は失敗しても問題なしです。

　「桃は、杏果さんだけですね。１人でもぶれないのは素晴らしいよ」

　１人グループの子にはこのように声をかけていきます。

　「それでは、ルールもわかったところで、もう一度やります。制限時間２分。好きな色！」

　「赤、赤、赤！」

　「緑〜っ」

　「ピンク！！」

　再び、教室が騒然とします。

　この後、お題を変えて、２、３回行います。

● ● ● ● ● ●　実は　● ● ● ● ● ●

　この「仲間集めゲーム」は、教師の子ども実態リサーチといった目的のほかに、いくつか裏のねらいがあります。

　１つ目は、「楽しいからする」というものです。シンプルなゲームですが、クラスが盛り上がります。私は、このゲームを４月の学級開きの時期に行います。高学年になると、一生懸命がんばることに対して、斜に構えるような子も出てきます。でも、そのような子でも４月のこの時期なら教師の指示に素直に従います。全力で声を出す楽しさをこのゲームで味わわせて、後ろ向きなクラスの雰囲気ができ上がる前に、悪い芽を早めに摘んでおくのです。また、先ほどのバナナの例のように、人の話を聞かずに、大きな声で叫んでいるだけではダメだということも実感できます。

　２つ目は、「日常的にいろいろな子と関われる場を設定する」というものです。毎回、お題ごとにできるグループが変わってきます。半強制的に（ただし、楽しみながら）多くの子と関わることになるのです。「子どもと子どもをつなぐ」という意味においても、年度初めの実践をおすすめします。

第5章

クラスの
雰囲気をつくれる
教師に
なるために！

STEP 1　本当は「清く、正しく、美しく」なくても

演じることで、自分を変えていきましょう

「先生」というイメージ

　ある年、1年生の女の子から次のような質問を受けました。「あーちゃんはね、大きくなったらお嫁さんになるんだ。先生は、何になりたいの？」。この子は、「先生」って、仕事だと思っていないんだろうな……と感じつつ、こう答えました。
　「プ、プロレスラーかな？」
　「ふ〜ん、がんばってね」
　彩夏さんはこう答えると運動場に走っていきました。1年生とのほほえましいワンシーンなのですが、小学校の低学年にとって、先生というものは、職業の一種というよりも、お父さんやお母さん、お兄ちゃんやお姉ちゃんや友達といったカテゴリーに近いもののような気がします。
　さすがに高学年ともなると、「先生」というものが、職業の一種ということは理解しているようですが、それでも、「えっ？　先生って子どもいるの？」と驚かれることが何度もありました。学校以外の姿を想像できないのは、高学年でも同じようです。

子どもの期待に応えるために

　このように、子ども達の中には、その子なりの「先生とはこうあるべ

きだ」というイメージが存在しています。

　たとえば、先生は、正しくなければいけない。たとえば、先生は、まじめでなければいけない。それぞれの子の中に、理想の先生のイメージがあるのです。ただ、実際の素の自分はといえば、子ども達の期待の像からは、ずいぶんとかけ離れている気がします。多くの人もそうでしょう。

　でも、子ども達のイメージを壊してはいけません。

　そのためには、時には、演じることも必要になってくるのです。

演じることを恥じてはいけません。

　最初のうちは、抵抗があるかもしれません。でも、演じているうちに、中身がそのうち追いついてくるものです。

子ども達の理想の教師を演じるつもりで

Point　子ども達の期待に応えるために、教師は時には、演じることも必要です。演じ続ければ、本物になります。

第5章　クラスの雰囲気をつくれる教師になるために！

STEP 2 演じることを楽しめる人に

「演じることに疲れない」人から「演じることを楽しむ」人に

いい子を演じるのに疲れた？

　劇作家の平田オリザさんが、不登校の子ども達に対して、次のように述べています（『一劇作家から見た日本語教育の課題と展望』KAWADE夢ムック『平田オリザ　静かな革命の旗手』、河出書房新社）。

　……不登校になる子どもたちは、世間で言うところの「いい子」だった子どもたちが多い。本人たちも、判でおしたように、「いい子を演じるのに疲れた」と言う。……

　さらに、大人は社会的な関係の中で、会社員、父親、夫、自治会の役員など、いくつもの役割を演じながら生きていると続けた上で、こうまとめています。

　……だとすれば、本当に必要なことは、「いい子を演じるのに疲れない」子どもを作ることだろう。あるいは、「いい子を演じるのを楽しむ」子どもを、できることならば育てたい。

教師は、最高のパフォーマーであれ

　教師も同じです。前の項目で、「演じることを恥じてはいけません」と

述べましたが、それだけではまだ不十分です。「恥じない」段階を経て、「演じることを楽しむ」という域に達しないといけません。

私が新任の頃、校長先生から、「教師は五者たれ」という言葉をいただきました。五者とは、次の5つのことです。

　一　学者の如くその学問に精通し
　二　易者の如く将来を予期し
　三　医者の如く相手の状態を知り
　四　芸者の如く明るく愛想良く
　五　役者の如く人前で演技する

つまり、教師たるもの、いくつもの顔を使い分けなければいけないということです。教師は、最高のパフォーマーでなければいけません。教師を演じることを楽しみましょう！

いくつもの顔を楽しく演じましょう

Point　楽しく演じていれば、そのうち、周りから「いつもご機嫌ですね」という声がかかるようになります。そうなればしめたもの。

第5章　クラスの雰囲気をつくれる教師になるために！　97

STEP 3 演じることで救われる

演じることで、客観的にものごとを見ることができます

「怒った教師」の演じ方

　たとえば、子ども達が取っ組み合いのけんかをしているシーンに出会っったとします。いつもの優しい声で注意しても、それで収まるとは思えないぐらい子ども達はエキサイトしているといった状況です。

　このような場合、大きな声を出してでも、子ども達の動きを一度止める必要があります。

　しかし、ただ大きな声を出せばいいというものではありません。
我を忘れて、感情に任せて怒鳴っても、声は上ずり、子ども達には届きません。とくに、女性の若い先生の声は、子ども達の声と同化しがちです。

　ここは、意識して、少し低めの声でゆっくり、大きく叫ぶのです。
「おい、やめろ！」

演じることのメリットいろいろ

　いつもとは違う声の出し方です。この場合、「怒っている先生」を演じているということになります。もう少し詳しく言えば、**状況をしっかり把握している冷静な自分が別のところにある上で「怒っている先生」を表現している**ということになります。

98

だからこそ、声をどう出したらいいのかまで意識することができるのです。ベテランになって、多くの経験をしていると、場面に応じた声が自然に出るものですが、若い先生方の場合、「演じる」という意識がないと、普段このような声を出していないだけに難しいことだと思います。そして、けんかがストップすれば、「怒っている先生」を演じることもここで終了。いつもの優しい先生に戻ります。

　演じていればこそ、すぐに、普段の自分に戻ることができるのです。あくまでも怒ったふりをしているわけですから、怒りがネチネチと続くこともありません。このことは、何よりもけんかをしていない周りの子ども達にとって、喜ばしいことです。

　何といっても、「演じる」ことを意識すると、自分を客観視することができるというメリットがあります。周りが見えなくなって、事態をさらに悪化させることがなくなるのです。

「シーン99　スーパーサ○ヤ人のように怒る私、スタート‼」

Point　「怒っている先生」「怖い先生」を演じるのは、あくまでも場面限定。通常モードは、「楽しげな先生」。

第5章　クラスの雰囲気をつくれる教師になるために！　99

STEP 4 雰囲気を創り出す

やる気を見せる時は、前のめりで

「急いで！」と言われた時の対処法

　私には、現在東京でタクシーの運転手をしている大学時代からの親友がいます。たまに会って、うだうだとたわいのない話をしながら、酒を交わすのですが、その時の話です。

　「この仕事をしていて困ることといえば、お客さんがタクシーに乗ってくるなり『急いで』と言ってくること。東京の道って混んでいるから、急ぐっていうても限界があるし。何よりも、安全運転が第一やし」

　「だからといって、安全にゆっくり運転していたら文句言われるやろ」

　「そうそう。だから、この仕事をし始めた時は、よく文句を言われたわ。でも、いまは『急いで』に対する技を身につけたから、大丈夫」

　「それ、どんな技なん？」

　「いや、ちょっとしたことなんやけど、少し前傾姿勢で前のめりになってハンドルを握って運転するねん。こうした方が、お客さんが『運転手さん、急いでくれている』という雰囲気を感じるみたい」

やる気を感じさせる前傾姿勢

　「そういえば、話を聞く時も少し前傾姿勢で話を聞いた方が、『私は聞いていますよ』という感じが伝わる気はするな」

実際、アメリカの心理学者アルバート・メラビアンが行った実験によると、学校の授業において、教師が期待している生徒に対して質問をする時は前のめりになるという結果が出たらしいのです。

　プロの教師が、クラスの中に期待している子とそうでない子がいるということ自体がまず引っかかるのですが、とにかく姿勢にその人のやる気が表れること、そして、周りの人も姿勢によって、その人のやる気を判断してしまうということは間違いありません。

　たとえ、内心やる気満々で燃えていても、そのプラスのオーラが周囲に伝わらないのは、もったいない。

人の話を聞く時は、少し前傾姿勢で。

　このことを意識するだけで、話し手が感じるあなたの印象はずいぶん変わってきます。

子どもも先生の姿勢次第で話し方が変わります

Point 自分のやる気を伝えることによって、周りの雰囲気もプラスの方向に変わっていきます。でも、意識しなければ伝わりません。

第5章　クラスの雰囲気をつくれる教師になるために！　101

STEP 5 人は見かけで判断します

教師の服装、気づかないだけで、いろいろな人にチェックされています

 ### なんとなく後味の悪い実験

　アメリカの心理学者レオナード・ビックマンが行った次のような実験があります。

　電話ボックスの中にわざとコインを置き忘れ、次に電話ボックスに入った人に「ここにコインが置いてありませんでしたか？」と尋ねます。その結果は、きちんとした服装の人が尋ねた場合は、8割弱の人がていねいに対応してコインを返してくれましたが、みすぼらしい身なりの人が訪ねた場合は、3割強の人しかコインを返してくれなかったというものでした。

　「つまり、見た目って大事ですよ。人って見た目で判断する部分が多いので、服装には気を使いましょうね」という論につながっていくのですが、同じことが学校現場でも言えるのです。

 ### 「見かけで判断するな」と言うけれど

　以前、同僚に1年中、ジャージを着ている人がいました。体育の時間だけでなく、国語の時間も、算数の時間もジャージです。さらに、参観日や懇談会でもジャージ。徹底していました。ただし、ジャージといっても、デレッとした寝巻のようなジャージを着ていることはありません

でした。よく意味がわからない部分もあるのですが、日常用、よそ行き用と使い分けていると聞いたこともあります。つまり、見た目がダサいということは一切なく、むしろかっこいい感じなのです。ここまで徹底していると、子ども達には、一つのキャラとして認められるので、そんなに悪い印象を持たれません。

　ただ、それでも一部の保護者からは、「でもねぇ」と思われていたようです。力量のある先生で、クラスの子ども達も毎日楽しく学校生活を過ごしていたので、それ以上の何かがあったわけではありませんが、若い先生方におすすめできるものではありません。

　服装を見て、その人の人格に結びつけて考えてしまう現象の事を「ユニフォーム効果」というのですが、わざわざ自分からマイナスのユニフォーム効果を演出する必要はありません。

ハロウィンの日なら、これはこれでありかも……

> **Point**
> 教師は、結局見られてなんぼの職業です。自分が思っている以上に、子どもや保護者は教師の服装に敏感です。

第5章　クラスの雰囲気をつくれる教師になるために！　103

STEP 6 力をみなぎらせたい時は、情熱の赤をまとえ

色にこだわるのは、某アイドルファンだけではありません

アメリカ大統領の勝負服‼

アメリカ合衆国の歴代大統領には勝負服というものがあるそうです。白いシャツに紺色のスーツ、そして、ネクタイは赤。

白で清潔感や上品さを、紺色で冷静さや賢さを、そして、赤で情熱を表現しているのだそうです。白いシャツに紺色のスーツとはオーソドックスなコーデのような気もしますが、そのことによって安心感を与えつつも、情熱の赤でやる気を主張するという形になっているようです。自分の好きなアイドルが紫担当だから、全身紫色でコーデするという訳ではないのです。大統領ともなると、自分の好き嫌いだけでなく、見た人が色から受ける印象まで考えて、服を選んでいるのです。

さすがに、教師で服装にそこまで気を配っている人は少ないと思いますし、そこまでしなくてもいいと思いますが、色の効果については、頭の片隅に置いていても損はしないと思います。

プロならば色にこだわれ

私も、色についてはそこそこ意識していました。服装については、自分の好きな色の服を着て、いい気分になるという程度の意識ですが、教室の掲示物の色にはかなりこだわっていた時期がありました。

まず**絶対に意識しておかないといけないことは、赤と緑の使い方です。**先天色覚異常の子は、男子の場合、割合的には、20人に1人いるといわれています。そのほとんどが赤緑色覚異常です。そのため、赤色のチョークを配布していない市もあります。たとえ、自分の勤めているところがそうでなくても、それぞれの学校、教室で意識していかなければいけません。もしかしたら、「見えにくい」ことを言い出せずに辛い思いをしている子が教室にいるかもしれないのですから。

このこと以外については、半分お遊びのようなものです。

1学期の最初は、みんなにやる気を出してもらいたいから、赤などの暖色系を多くしようとか、なんか最近落ち着きがないなと感じたら、クールダウンのため寒色系を多くしようとかそんな感じです。

実際に効果があったかどうかはわかりません。教師の自己満足の部分も大きいです。ただ、**教師が自己満足することによって、気持ちに余裕が持てます。子ども達に対して、余裕を持った指導ができるようになる**のです。

服の色にこだわるように教室の色もコーディネートしよう

> **Point**
> 赤と緑にはこだわりつつ、あとは肩の力を抜いて、色遣いを楽しみましょう。心の余裕が大切です。

第5章 クラスの雰囲気をつくれる教師になるために！

STEP 7 願わくは、我に七難八苦を与えたまえ

Ａか？　Ｂか？　迷った時の判断基準

Ａですか？　Ｂですか？

　お昼ご飯を、カレーライスにするか？

　それともカレーうどんにするか？

　どっちを選んだにしても、カレールーをライスと絡ませるかうどんと絡ませるかぐらいの違いしかない選択肢なのですが、教師をしていると、お気楽に決められない選択肢と向かい合う場面に出合います。

　たとえば、あなたが２年生の担任だったとします。ある日の休み時間、自分のクラスのＡくんとＢくんがけんかをしました。けんか自体はすぐに収まり、子どもどうしも仲直りしました。ただ、このけんかでＡくんは怪我をしました。怪我といっても、病院に行くほどの大怪我ではないのですが、Ａくん達がけんかしたことを、この子達の保護者に連絡しますか？

迷った時はこうしよう‼

　「一応知らせておいた方がいいと思うけど、あのお母さん、前の学年の時に学校に怒鳴り込んできたこともあるらしいし、なんか連絡するの気が重いなぁ。でもなぁ……」

　まず連絡するかしないか迷います。そして、迷った挙句、連絡すると

決めたとしても、いざ連絡する段階になると、
「連絡帳でいいかな？　それとも電話した方がいいのかな？　家庭訪問までするのはちょっと大げさかな？」
という感じで、またまた迷ってしまうことがあります。

こういう時、一番いいのは尊敬する先生、管理職に尋ねることです。ただ、相談できる人がいつも身近にいるとは限りません。自分だけで決断しなければならないこともあるでしょう。また、あなたが、後輩から相談されることがあるかもしれません。

そこで、俵原流「AかBか」迷った時の判断基準を伝授します。

自分にとって大変な方を選ぶ。

この基準で選択して、後悔することはまずありません（その理由は、次の項目へ）。

人生、それは死ぬまでのY字路

Point　迷ったあげく、何もできないのが、一番いけません。保護者からの信頼を得るためにも、決断して行動に移すことが大切なのです。

第5章　クラスの雰囲気をつくれる教師になるために！　107

STEP 8 踏み込みゆけば あとは極楽

Ａか？　Ｂか？　迷った時の判断基準とその理由

迷った時、大変そうな方を選ぶ理由

　たとえば、前ページの選択肢でいえば、一番大変なそうなことは何ですか？

　多くの人は、時間も手間もかかる家庭訪問と答えるのではないでしょうか。ということは、この場合、「家庭訪問に行く」が選ぶべき選択肢になるということです。今回のケース、普通なら電話連絡で済むような事案です。でも、あなたは、「ちょっと大げさかな」と感じながらも、家庭訪問という選択肢を頭に浮かべました。つまり、何か心に引っかかるものがあったということです。たとえば、「お母さんを怒らせたら怖いから気をつけよう」とか「家に帰ってからのＡくんの様子を実際に見てみたい」という思いが一瞬よぎったのかもしれません。どちらにしても、このような教師の第六感的な感覚は大切にしていいと思います。

それでもうまくいかなかった時

　そんな時でも大丈夫。後悔を最小限に抑える気持ちの持ち方があります。

　ＡとＢの選択肢があって自分が選んだものが期待した結果にならなかった場合、普通はこう思うはずです。

「やっぱりＢを選んでおけばよかった」
でも、私は次のように思うようにしています。
たぶんＢを選んでいたら、もっとひどい結果になっていただろう。
「Ａを選んだおかげで最悪の結果はまぬがれた。最少失点で切り抜けた。不幸中の幸いだ」
こう考えた方が、必要以上に落ち込むことなく、ちょっと前向きにがんばってみようという気になってくるものです。
今回の場合なら、こう思うのです。
「連絡帳や電話で済ませていたら、こんなものでは収まらなかったに違いない。家庭訪問をしたからこそ、こちらの気持ちも少しは伝わったはずだ」

いつも「逃げるは恥だが、役に立つ」とは限りません

> **Point**
> 何か事が起きた場合、楽な道を選んで、大変そうなことから逃げようとすると、さらに事態は悪化するものです。目をそらさず、立ち向かえ！

第5章 クラスの雰囲気をつくれる教師になるために！

STEP 9 人間力を高めるために

厳しい状況でも笑っていられる気持ちの持ち方

 大変な方を選べる人間になるために

「結局、人間力を高めるしかないんやな」
　飲みの席で、教師の力量について話していると、たいてい最後にはこのような結論に落ち着きます。
　迷った時大変な方をとっさに選べる人には覚悟があります。そういう人を周りの人間は「この人はすごい」と感じます。そういう人には、言葉にはできない魅力があります。オーラを感じるのです。
　ざっくり言うと、それが「人間力」ということです。
　では、どうやったら人間力を高めることができるのでしょうか？

 お師匠さんに聞いてみた

　安易な私は、ちょっとググってみました。関係書籍もいっぱい出てきます。その手のセミナーもたくさんあるようです。それでも、私にとっていちばんビビッときたのが、やはりお師匠さんの教え。
　恥ずかしげもなく、「人間力を高めるためにはどうすればいいのですか？」と、どストレートな質問をしたことがあるのです。

楽しさが自分の人間の幅を広げ、
厳しさが自分の人間の深さをつくる。

　前半の部分は、平田オリザさんが言っていた「学校の先生にとっていちばんだいじなことは、自分の人生を楽しむことだと思います。」(「階」No.30、帝国書院)に通じます。オリザ氏は、まじめすぎて視野が狭くなると、楽しい授業ができなくなると言うのです。視野を広く持つためには、楽しい体験をたくさんしなければいけないということです。

　後半の部分は、現在、厳しい状況に置かれている人にとっては、救いの言葉になるのではないでしょうか。いまの厳しくて、しんどい体験が、自分の人間力をレベルアップしてくれる……そう考えたら、いまの状況を悲観せずに、前向きにがんばっていこうという気になりませんか。まさに、「逆境こそがチャンスだぜ」の精神です。

　それに、この厳しい状況も永遠に続くわけでありません。あとひとふんばりすればいいのです。**ゴールはハッピーエンドに決まっています。**

ゴールがハッピーエンドとわかっていればがんばれますよね

> **Point**　人間力を高めるための修行の一つだと考えれば、厳しい状況もがんばれます。人生楽ありゃ、苦もあるさ〜。

第5章　クラスの雰囲気をつくれる教師になるために！

コラム 5

互いにわかりあうためのネタ

合わせて50！

コラム４の「仲間集めゲーム」の発展形。お題に対して、それぞれ持っているイメージが違うことから、名回答、珍回答が続出し盛り上がります。目的は、ゲームを通じて、子ども達に、自分があたり前だと思っていたことが実は違うんだと気づかせることになります。

● ● ● ● ● ● ● **こんな感じで** ● ● ● ● ● ●

　教師は、１から49までの数字を書いたカードを用意します。そして、そのカードを子ども達に配ります。

「自分のカードが何番かは、人に言ってはいけませんよ」

　ルールの説明をします。

「ここは、新年の名刺交換会です。参加者は、全員、何かモノを作って売っている人で、全員が初対面という設定です。番号の大きい人ほど大きいモノを作っている会社に勤めています。番号の小さい人ほど小さいモノを作っている会社に勤めています」

　ルールがちょっと複雑なので、このゲームの対象年齢は、高学年以上です。

「何を作っているか心の中で決めてください。番号は他の人に見せてはいけません。５分間の間に、パートナーを探します。２人の持っているカードを合わせて50に近くなるパートナーを見つけてください」

　なんかおもしろそう……という声も聞こえてきます。説明は続きます。

「番号以外は何を話してもかまいません。だから、何を作っているか

112

言ってもオッケーです。パートナーが決まったら、座ってください。ただし、カードは、まだ見せないでください。」

ゲームスタート！

「こんにちは。石川といいます。私は、冷蔵庫を作っているんですが、あなたは何を作っているんですか？」

「こんにちは。米村です。自動車を作っています」

こんな感じで話が進んでいきます。

1回目の会話でペアを決めて座る決断の早い子もいれば、なかなかペアが決められなくて、うろうろしている子もいます。ただ、時間が経つにつれて、座る子が増えてきますので、選択肢はどんどん狭まります。残り4人ぐらいになると、もうどうしようもありません。

「僕は、鉛筆の芯」「おれ、アリのフィギュア」

という2人が泣く泣くペアになることになります。時間が来たら、無理やりにでも組ませることになります。

そして、答え合わせ。

一組ずつ、作っているモノと番号を発表してもらいます。

このゲームの一番の盛り上がりどころです。

「冷蔵庫です。22番」「自動車です。26番」

このように、かなり50番に近いペアが出るかと思えば、

「船です。45番」「ヘルメットです。25番」

のように、50を超えるペアも続出します。

また、同じ冷蔵庫を作っていても、それぞれの番号が違っていたりすることがあります。

「なんでトシ子さんは、冷蔵庫が48やねん。それやったら、彩夏さんの船より大きいやんか！」

と笑いが起こります。答え合わせの後、お題を変えて、同じパターンで何回か行います（自分に近い数字の人を探すというルールですることもあります）。お題としては、「活発な趣味」と「おとなしい趣味」がとくにお勧めです。それぞれが持っているイメージの差は、「作っているモノの大きさ」よりもさらに広がるからです。

第5章　クラスの雰囲気をつくれる教師になるために！　113

実は

　今回コラム4、5で紹介した2つのミニゲームは、ある人の実践の追試なのです。

　その人の名は、本編にも何度か登場している平田オリザ氏。

　劇作家、演出家である彼は「コンテクスト（文脈）のずれ」を意識させるため、この「合わせて50」を、自分のワークショップで行っているのだそうです。

　先ほどの例で言えば、トシ子さんは、大きいモノという言葉から冷蔵庫をイメージし、彩夏さんは船をイメージしたように人が持っているイメージは違うということです。そして、トシ子さんも彩夏さんも自分が持っているイメージはほかの人も同じように感じていると思っています。だから、「いや、そうではないんですよ」ということを、ゲームを通じて、ちょっぴり笑いも交えながら、実感させていくのです。

　当然、ゲームをやって楽しかっただけでは終わりません。続きがあります。

　「では、ゲームの感想を聞いてみましょう。玉井くん」

　「なんか同じモノを作っていても、数字が違うのがおもしろいと思いました」

　必ずこのような感想が出てくるはずです。そこで、こう言います。

　「そうやな。一人ひとり感じることは違うんやな。でも、それは、どれが正解で、どれが間違いということではない。ただ、『人はそれぞれ違う』ということはわかっておいてほしいと思う。自分の考えや自分にとっての常識は、ほかの人も一緒やと思い込んでいるから、誤解したり腹を立てたり傷ついたりするんや。最初から違うって思っていれば、『ちょっと待てよ』と落ち着いて考えることができるからな」

　真剣な表情で話します。子ども達も真剣に聞いています。

　「では、もう1回やってみよう。お題は……」

　まじめな話の後、ゲームを再開します。

あとがき

「どうして、教師という職業を選んだのですか？」

PTA広報誌の取材やセミナーの懇親会などで聞かれることがあります。

私にとっては、非常に返答に困る質問です。

「いまでこそ、人生悩みなしのように明るくふるまっていますが、実は、人に言えないような暗い過去がありまして、行き先もわからぬまま盗んだバイクで走り出していたこともありました。周りの教師は、自分らのようなヤンキーをクズ呼ばわり、バカ呼ばわり。そんな時に、一人の先生と出会いました……」

というようなドラマチックな理由でもあればいいのでしょうが、そんなこともなく、「気づいたら教師になっていた」という感じだからです。

答えようがないのです。

さすがに、「なんとなく……です」では、聞いた方も納得しないでしょうから、「日本の教育を変えようと思って」とか「（当時は）奨学金がタダになったから」など、その場しのぎの答えを言っていました。

ただ、小学生の頃から、近所の小さな子ども達からは、なぜか慕われていました。子ども受けがよかったのは確かです。教師のオーラの資質を持っていたのでしょう（そういう意味では、教師という職業は私にとって天から授かった職業「天職」と言っていいのかもしれません）。

気づいたら何となくなっていた教師ですが、教師になってからも、なぜか子ども達から慕われていました。そして、それがあたり前だと思っていました。

ところが、教職4年目、転勤した学校で、私よりはるかに子ども達から慕われている教師と出会いました。当時、私は26歳。体も動くバリバリの若手。そして、ジャニーズばりのイケメン（自称）。休み時間も

いつも子ども達と遊んでいました。それに対して、彼はアラフォーのおじさん教師。なのに、圧倒的な子ども達からの支持率の差。

「なんでやねん。どう考えても自分やろ」

最初は、不遜にもそのような思いを持っていました。ただ、同じ学年を組んでいるうちに、「これは勝てないな」と気づかされました。

教師のオーラが違うのです。

その教師は、休み時間に外で遊ぶことは少なくても、子どもの話にはいつも耳を傾けて、笑顔で対応していました。もちろん、授業もすばらしい。若さと美貌（？）だけではカバーできない差だということはすぐにわかりました。

「何よりも教師としての力量をつけなければいけない」

その日から、教師のオーラを身にまとうべく、私の教師修行第2章が始まったのです。

このような経過を経て、本書は書かれました。

ここまでおつき合いくださり、ありがとうございました。子ども達とつながるため、子ども達の力を伸ばすために、本書が少しでも役に立ったとすれば、こんなに嬉しいことはありません。

最後になりましたが、出版にあたり、ご尽力いただいた学陽書房の山本聡子さん、小原加誉さん、すてきなイラストを描いていただいたおしろゆうこさんに深く感謝申し上げます。

また、どこかでお会いしましょう。

2017 年 10 月

俵原　正仁

●著者紹介

俵原 正仁 (たわらはら まさひと)

1963年、兵庫県生まれ。通称"たわせん"と呼ばれている。
兵庫教育大学を卒業後、兵庫県の公立小学校教諭として勤務、現在に至る。新任の頃、「教室を学習のワンダーランドにしよう！」と、ある教育雑誌の論文に書き、良識ある先輩から「ワンダーランドって…（笑）」とつっこまれる。この「教室ワンダーランド化計画」は、その後、若干姿を変え、「子どもの笑顔を育てよう」「笑顔の教師が笑顔の子どもを育てる」という『笑育』なるコンセプトに進化する。教育雑誌に執筆多数。著書に『なぜかクラスがうまくいく教師のちょっとした習慣』（学陽書房）、『スペシャリスト直伝！　子どもとつながるノート指導の極意』（明治図書出版）、『授業の演出ミニ技アラカルト』（小学館）などがある。教材・授業開発研究所「笑育部会」代表。

教師は見た目で9割決まる!

2017年11月24日　初版発行

著　者———	俵原　正仁
発行者———	佐久間重嘉
発行所———	学 陽 書 房
	〒102-0072　東京都千代田区飯田橋1-9-3
営業部———	TEL 03-3261-1111／FAX 03-5211-3300
編集部———	TEL 03-3261-1112
	振替口座　00170-4-84240
	http://www.gakuyo.co.jp/

ブックデザイン／スタジオダンク
本文DTP制作／越海辰夫　　イラスト／おしろゆうこ
印刷・製本／三省堂印刷

© Masahito Tawarahara 2017,Printed in Japan.　ISBN978-4-313-65340-5 C0037
※乱丁・落丁本は、送料小社負担にてお取替え致します。
JASRAC出 1712476-701

JCOPY〈出版者著作権管理機構　委託出版物〉
本書の無断複製は著作権法上での例外を除き禁じられています。複製される場合は、そのつど事前に出版者著作権管理機構（電話03-3513-6969、FAX03-3513-6979、e-mail: info@jcopy.or.jp）の許諾を得てください。

ベテラン教師のうまくいく習慣！

なぜかクラスがうまくいく教師の
ちょっとした習慣

俵原正仁
Tawarahara Masahito

普通の子に注目すると、クラスはまとまる！

ベテラン教師が教える数々の子どもを動かすコツ！

学陽書房

Ａ５判・132 ページ　定価＝本体 1,700 円＋税

●クラスをまとめるなら「普通の子」に注目せよ！
　クラスがうまくまとまらない、やんちゃな子に手を焼いている…
　そんな教師の方におすすめの一冊！
●ほっとするクラスが生まれ、子どもが元気に伸びる、
　ベテラン教師のノウハウがわかる本！

叱る？　叱らない？　と悩むあなたへ

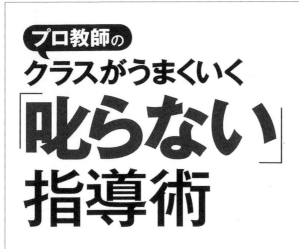

A5判・144ページ　定価＝本体1,800円＋税

- ●叱ることをやめるとクラスはうまくいく！
  ベテラン教師が伝える
  「叱らないですむ楽しいクラスのつくり方」とは？
- ●あなたのクラスが落ち着き、みるみるまとまる知恵を大公開！
  明日からの子どもへの対応がぐっとラクになる一冊！

1年生対応がみるみるラクになる！

A5判・120ページ　　定価＝本体1,800円＋税

●言うことをきかない1年生が、
　みるみる集団として素直に動くようになる！
　カリスマ教師とスーパー保育士が教えてくれる、
　若手もすぐにできるカンタン指導で、
　1年生の指導がラクに楽しくなる1冊！